INHALT

Hallo Männer!

Warum eigentlich sollen unsere/die Frauen ein Monopol auf dieses Wundergerät haben, habe ich mich gefragt. Männer und Kochkunst sind zwar zumeist nicht so ganz die Traumkombination, Männer und Technik aber wohl!

Als meine »bessere Hälfte« ihren Mixer bekommen hat, musste sie sich erst einmal in die Materie einarbeiten. Und, obwohl ihr das nicht besonders schwergefallen ist, habe ich ihr doch anfangs dabei geholfen. Zwangsweise wurde dabei mein Interesse geweckt, vor allem, als sich herausstellte, dass man mit dem Ding wirklich Sauleckeres herstellen kann – und das auch noch schnell und ohne viel Chichi. Seitdem probiere ich immer öfter mit dem Teil – mit (meist) sehenswerten Ergebnissen.

Also, traut euch ran, mit den Rezepten, die ihr hier bekommt, werden euch die besten Aufstriche, Suppen, Soßen und Hauptgerichte sowie Hausmannskost – die Mann bekanntlich besonders gerne mag – leicht gelingen! Aber natürlich können auch Eure Frauen die leckeren Rezepte zubereiten.

Ach ja, mein Favorit? Irgendwie alles, aber ganz besonders schmackhaft finde ich eine Brotzeit aus dem selbst gemachten Schinken auf meinem Eiweißbrot, mit etwas Fetacreme und einigen frisch aufgeschnittenen Zwiebeln belegt.

Viel Spaß und guten Hunger!

Euer Charly

Tipps für den Umgang mit dem Thermomix®

- Allererstes Gebot: Mixtopf und Deckel nach der Benutzung sofort auswaschen!

- Beim Pulverisieren von Zucker oder Gewürzen verteilt sich das feine Pulver in der Regel überall im Mixtopf. Mit einem Spatel lässt es sich schlecht nach unten schieben, vor allem bei kleineren Mengen. Dafür verwende ich einen Küchenpinsel. Unter den Messbecher kann man ein Küchenpapiertuch stecken, dann kommt der feine Zuckerstaub nicht durch. Vor dem Öffnen des Mixtopfes etwas abwarten, bis sich der »Nebel« gesetzt hat.

- Die eingebaute Waage beim TM31 ist nicht immer genau; wenn die exakte Menge besonders wichtig ist (z. B. zum Abwiegen von Gewürzen oder für Backwaren), empfehle ich eine externe Digitalwaage.

- Das Schlagen von Sahne, Eiweiß oder die Herstellung von Eis gelingt besser, wenn der Mixtopf vorher für 20 Minuten im Gefrier- oder Kühlschrank gekühlt wird. Ist dafür mal keine Zeit, so zerkleinert man einfach einige Eiswürfel (Turbotaste), die man anschließend wegschüttet (oder für einen kleinen Drink zwischendurch nutzt), dann ist der Mixtopf auch schön kühl.

- Wenn ihr den Varoma-Aufsatz benutzt, dann sollte man wirklich gut aufpassen, denn er wird richtig heiß! Ich decke das Ganze gerne mit einem (Stoff-)Küchentuch oder alten Frotteehandtuch ab und bin wirklich vorsichtig beim Öffnen des Deckels bzw. Herunternehmen des Varoma-Aufsatzes. Denn schnell verbrüht man sich am heißen Dampf, der aus dem Mixtopf steigt!

- Den Rühraufsatz (Schmetterling) nur bis Stufe 4 verwenden!

- Er ist ansonsten hitzebeständig (nach Herstellerangabe bis etwa 120 °C) und es lohnt sich, ihn für die Herstellung von Eis und Kaltem im Gefrierschrank zu lagern.

- Klebrige Teigreste oder fette Speisereste entfernt man am einfachsten, indem man 4 Tropfen (Marken-)Spülmittel sowie 1 l Wasser in den Mixtopf füllt und diesen dann **4 Min./60 °C/Stufe 5–6** laufen lässt. Wenn Schaum hochsteigt auf Stufe 2 reduzieren. Meistens ist er nun schon sauber und muss nur nachgespült und getrocknet werden.

- Kochzeiten sowie Rührzeiten können variieren: Nachdem wir mit Naturprodukten hantieren, haben diese auch z. B. einen unterschiedlichen Wasser-, Zucker- oder Stärkegehalt. Also kann es durchaus vorkommen, dass Gerichte entweder ein wenig kürzer oder auch länger gekocht/gerührt werden müssen.

- Saulecker ist selbst gemachter Vanillezucker für Nachtisch oder zum Backen: 2 gut getrocknete Vanilleschoten in Stücke brechen, mit 150 g Zucker **10 Sek./Stufe 10/mit MB** pulverisieren. Mit dem Pinsel nach unten schieben und wiederholen, bis alles fein gemahlen ist. In ein kleines Glas füllen, verschlossen aufbewahren. Man benötigt nur ½ bis 1 TL, da dieser Vanillezucker intensiver als z. B. Vanillinzucker ist.

Verwendete Maße

TL	Teelöffel
TL, geh.	Teelöffel, gehäuft (alles, was draufgeht!)
TL, gestr.	Teelöffel, gestrichen (wenn man mit dem Finger darüber streicht, etwas weniger als ein normaler TL voll)
EL	Esslöffel
EL, geh.	Esslöffel, gehäuft (alles, was drauf geht!)
EL, gestr.	Esslöffel, gestrichen (wenn man mit dem Finger darüberstreicht, etwas weniger als ein normaler EL voll)
1 Prise	etwa die Menge, die zwischen Daumen und Zeigefinger passt

Verwendete Abkürzungen

In den angegebenen Rezepten werden folgende Kürzel und Begriffe verwendet:

TM	Thermomix® (gemeint ist dabei der Mixtopf)
MB	Messbecher (durchsichtiger Innendeckel zum Abdecken und Abmessen)
Mixtopf	Koch- und Mixbehälter des Thermomix®
Mixbecher	Mixtopf
Rühraufsatz	Schmetterling, zum Schlagen von Eischaum, Sahne etc.
Stufe …	Rührstufe (Drehgeschwindigkeit)
Linkslauf	Schalter zum Umstellen von Zerkleinern (Mixen, Pürieren) auf Vermischen (Aufschlagen, Verrühren)

Angaben für den TM31 werden in Klammern angegeben, z. B.: (**8 Min./Varoma/Stufe 2/ohne MB**)

DRESSINGS UND BEILAGEN

Kartoffelsalat-Dressing

Zutaten für 4 Portionen

- 500 g gekochte und etwas abgekühlte Kartoffeln (vorwiegend festkochend)
- 1 Lauchzwiebel (30 g)
- 2 EL Weißweinessig
- 4 EL Olivenöl
- 2 TL Senf, mittelscharf
- 1 TL Zucker
- 2 TL Salz
- ½ TL Pfeffer
- 120 g Gemüsebrühe
- 3 Zweige frischer Dill, gehackt

Zubereitung

1. Kartoffeln schälen und in Scheiben schneiden, in eine Schüssel füllen. Lauchzwiebel in feine Ringe schneiden und dazugeben.
2. Essig, Öl, Senf, Zucker, Salz, Pfeffer im Mixtopf **5 Sek./Stufe 5/mit MB** mischen. Gemüsebrühe zugeben und nochmals **10 Sek./Stufe 5/mit MB** rühren.
3. Dressing über die Kartoffeln gießen und alles gut durchmischen. 30 Minuten lang durchziehen lassen, dann mit dem Dill bestreut servieren.

Am besten das Dressing über die noch lauwarmen Kartoffeln gießen, dann saugen diese sich schön voll und geben einen besonders leckeren Salat ab. Wer den Kartoffelsalat lieber cremig mag, reduziert die Gemüsebrühe auf 70 g und nimmt 80 g Mayonnaise (siehe S. 50) hinzu. Lässt sich gut mitnehmen für ein Picknick oder in der Lunchbox.

Thousand-Island-Dressing

Zutaten für 200 g

110 g Mayonnaise
3 EL Tomatenketchup
1 ½ EL Apfelessig
2 TL Zucker
1 Gewürzgurke (50 g)
½ TL Salz
1 Prise Pfeffer
Tabasco nach Belieben

Varianten:

Wer es weniger fettreich haben möchte, ersetzt die Hälfte der Mayonnaise durch 10%-igen griechischen Joghurt

Zusätzlich kann man ½ Paprika in Stücken mit den anderen Zutaten mixen sowie auch diverse Kräuter wie Petersilie, Schnittlauch, Kerbel, Basilikum oder Dill

Zubereitung

1. Mayonnaise, Ketchup, Essig, Zucker, Salz und Gewürzgurke in Stücken in den Mixtopf geben und **20 Sek./Stufe 5/mit MB** rühren. Spateln, nochmals **10 Sek./Stufe 5/mit MB** mixen.
2. Mit Pfeffer abschmecken, in eine Flasche füllen und mindestens 30 Minuten zum Durchziehen in den Kühlschrank geben.
3. Hält sich im Kühlschrank verschlossen gelagert 3 Tage.

Brokkolitopf mit Käse

Zutaten für 2–3 Portionen

150 g Emmentaler Käse am Stück
500 g Brokkoli
Salz
1 Prise Pfeffer
1 l Wasser
1 TL Gemüsebrühe (Instant)
100 g gekochter Schinken, fein gewürfelt
2 EL Crème fraîche
1 Prise Muskatnuss

Zubereitung

1. Käse in mittelgroße Würfel schneiden und im Mixtopf **6 Sek./Stufe 8/mit MB** klein schreddern, in eine Schüssel umfüllen.
2. Beim Brokkoli die Röschen vom Strunk abschneiden, sodass man kleine Teile erhält (besonders gleichmäßig garen sie, wenn man die Stielansätze leicht kreuzförmig einschneidet). Stiele und den weicheren Teil vom Strunk ebenfalls verwenden. Alles in ein Sieb geben und mit kaltem Wasser gründlich abspülen. In den Garkorb füllen, etwas Salz und Pfeffer darüberstreuen.
3. Backofen auf 100 °C vorheizen. Heißes Wasser und Gemüsebrühe in den Mixtopf füllen, Garkorb mit dem Brokkoli einsetzen und **13 Min./120 °C/Stufe 2/mit MB** (**13 Min./Varoma/Stufe 2/mit MB**) dämpfen. Brokkoli mit den Schinkenwürfeln und dem Käse in eine hitzefeste Schüssel umfüllen, dabei Stiele und Strunk herausnehmen. Die Schüssel dann im Backofen warmhalten.
4. Die Kochflüssigkeit aus dem Mixtopf wegschütten, jedoch 100 ml davon auffangen. Mit der Crème fraîche und den gekochten Stielen und Strunk sowie dem Muskatnuss und etwas Pfeffer im Mixtopf **55 Min./100 °C/Stufe 2/mit MB** einkochen. **10 Sek./Stufe 8/mit MB** fein mixen. Mit Salz und Pfeffer abschmecken.
5. Die Soße nun über die Brokkoli-Käse-Schinken-Mischung gießen und servieren.

Eignet sich als deftige Beilage für 4 oder als Hauptgericht für 2 Personen.

Gedämpfter Rosenkohl mit Speck und Pinienkernen

Zutaten für 2 Portionen
500 g Rosenkohl
1 Zwiebel
1-2 Knoblauchzehen
3 EL Olivenöl
1 EL Agavendicksaft (oder Honig)
1 EL Dijonsenf
2 EL Aceto Balsamico
Salz
600 ml Wasser
1 Prise Natron
50 g Speck, gewürfelt
25 g Pinienkerne
1 Prise Pfeffer
Kürbiskernöl zum Beträufeln nach Belieben

Zubereitung

1. Rosenkohl waschen, die äußeren Blätter und den Strunkansatz wegschneiden, den Strunk dann kreuzförmig einschneiden. Garkorb mit Alufolie auslegen, sodass der Rand nur 1 cm hoch bedeckt wird und sonst frei bleibt. Den Rosenkohl einfüllen.
2. Zwiebel in 4 Teile schneiden und **5 Sek./Stufe 9/mit MB** hacken und umfüllen. Knoblauch klein schneiden.
3. 2 EL Olivenöl, Agavendicksaft, Senf, Balsamico, 1 Prise Salz und Knoblauch vermengen und über dem Rosenkohl verteilen. Wasser in den Mixtopf füllen, Natron und 1 TL Salz dazugeben. **20–25 Min./120 °C/Stufe 2/mit MB** (**20–25 Min./Varoma/Stufe 2/mit MB**) dünsten.
4. Zwiebelstücke mit dem restlichen Olivenöl und dem Speck in eine kleine Pfanne geben und 3–4 Minuten lang bei mittlerer Hitze anrösten. Kurz vor Ende die Pinienkerne dazugeben. Immer gut rühren, damit nichts anbrennt. Leicht salzen, vom Herd nehmen und beiseitestellen.
5. Testen, ob der Rosenkohl weich ist, ansonsten noch ein paar Minuten weiterdünsten (hängt von der Größe der Röschen ab). Dann herausnehmen, in eine Schüssel füllen und mit der Zwiebel-Speck-Pinienkernmischung bestreut servieren. Wer mag, träufelt noch 1–2 EL Kürbiskernöl darüber. Durchmischen, mit Salz und Pfeffer abschmecken und servieren.

Krautsalat mit Speck

Zutaten für 2–3 Portionen

50 g Schinkenspeck, geräuchert
350 g Weißkohl
1 EL Öl
½ TL Kümmel, ganz
1 EL Essig
1 TL scharfer Senf
1 EL Zucker
Pfeffer
Salz

Varianten:

¼ TL geräuchertes Paprikapulver zugeben
½ Dose Maiskörner zugeben
statt Weißkohl roten Kohl verwenden

Zubereitung

1. Speck fein würfeln.
2. Weißkohl in Stücke schneiden. Den Strunk entfernen und alles gründlich abwaschen.
3. Grob in Stücke schneiden, dann im Mixtopf in 2 Portionen jeweils **3 Sek./Stufe 5** zerkleinern und umfüllen.
4. Öl, Kümmel und gewürfelten Speck **5 Min./100 °C/Stufe 1/ohne MB** dünsten.
5. Weißkraut, Essig, Senf und Zucker dazugeben. **10 Sek./Stufe 3/ohne MB** vermischen. Mit Salz und Pfeffer abschmecken. 30 Minuten lang ziehen lassen.

Quarkbrötchen (salzig oder süß)

Zutaten für 6–8 Brötchen

150 g Quark, 20 %
6 EL Olivenöl (bzw. neutrales Öl wie Sonnenblumen-, Raps- oder Distelöl)
6 EL Milch
1 Pk. Backpulver
300 g Weizenmehl
½ TL Zucker
1 TL Salz

Varianten:

75 g eingeweichte Rosinen und 50 g Zucker (und ¼ TL Salz sowie 2 TL Zucker) in den Teig geben, so hat man feine Frühstücks-Rosinenbrötchen
2–3 EL Kürbiskerne, Sonnenblumenkerne oder andere Nüsse mitbacken, mit Zucker oder Salz, je nachdem, ob die Brötchen süß oder pikant sein sollen
Die Hälfte des hellen Weizenmehls durch Vollkornmehl ersetzen

Zubereitung

1. Backofen auf 180 °C Umluft (oder 190 °C Ober-/Unterhitze) vorheizen. Ein Backblech mit Backpapier auslegen.
2. Alle Zutaten in den Mixtopf geben, **1 Min./Teigstufe/mit MB** kneten lassen. Der Teig sollte fest sein, aber noch ganz leicht an den Fingerkuppen haften bleiben, wenn man durch die Deckelöffnung hineingreift.
3. Den Teig auf eine bemehlte Arbeitsfläche geben, die Hände einmehlen (Teig klebt stark) und kurz von Hand nachkneten.
4. 6–8 gleich große Brötchen formen. Wer die Brötchen glatt haben will, kann sie auch mit etwas Wasser formen, so erhält man eine glatte Oberfläche.
5. Auf das Backblech setzen und auf der mittleren Schiene 20–22 Minuten backen, bis sie leicht goldgelb sind und einen festen Boden haben. Auf einem Gitter auskühlen lassen.

Pikante Maismuffins mit Schinken und Chili (Cornbread Chili Muffins)

Zutaten für 18 Muffins (5 cm)

180 g Weizenmehl
180 g Maismehl
1 Pk. Backpulver
1 EL Zucker
½ TL Salz
1 Prise Pfeffer
2 Eier, L
250 ml Milch
6 EL Sonnenblumenöl
2 EL frische Chilis, gehackt (z. B. Jalapeño) oder 1 TL Chilipulver
2 EL Paprika, gewürfelt
200 g gekochter Schinken, fein gewürfelt

Zubereitung

1. Backofen auf 180 °C Ober-/Unterhitze vorheizen. Ein Muffinblech gleichmäßig mit Öl einpinseln.
2. Beide Mehlsorten, Backpulver, Zucker, Salz und Pfeffer im Mixtopf **30 Sek./Stufe 3/mit MB** vermischen.
3. In einer Schüssel Eier, Milch und Öl verrühren und zu den trockenen Zutaten in den Mixtopf geben. **1 Min./Stufe 4/mit MB** rühren. Nun die Chili- sowie die Schinken- und Paprikawürfel hinzufügen und nochmals **15 Sek./Stufe 2** untermischen.
4. Den Teig mit einem Esslöffel in die Muffinformen füllen, dabei nicht ganz voll machen. Auf der mittleren Schiene 16–18 Minuten lang backen. Mit einem Holzstäbchen in die Mitte eines Muffins stechen. Bleibt er beim Herausziehen sauber, sind die Muffins fertig, ansonsten noch kurz nachziehen lassen.
5. Aus dem Backofen nehmen und die Muffins aus der Form stürzen. Mit dem restlichen Teig genauso verfahren, bis er aufgebraucht ist. Noch lauwarm oder ausgekühlt servieren.

Diese Mischung aus pikant, leicht süß und scharf ist ungewöhnlich. Wer ausgefallenes amerikanisches Essen mag, wird dieses Gebäck lieben! Probiert es als Beilage zu Grillfleisch.

Charlys Ruckzuck-Eiweißbrot

Zutaten für 1 Brot (ca. 700 g)

- 80 g Sonnenblumenkerne
- 40 g Kürbiskerne oder Cashewkerne
- 60 g Sesam
- 40 g Leinsamen
- 80 g Mandeln, ganz
- 80 g Amarant, gepoppt
- 3 TL Rohrohrzucker
- ½ TL Meersalz
- 1½ Pk. Backpulver
- 2 EL Vollkornmehl
- 250 g Magerquark
- 125 g Quark, 20 % Fett
- 4 Eier, M

Zubereitung

1. Alle trockenen Zutaten in den Mixtopf abmessen und **15 Sek./Stufe 6/ mit MB** zerkleinern.
2. Flüssigkeit vom Quark abgießen und beide Quarksorten sowie die Eier dazugeben. **3 Min./Knetstufe/mit MB** mischen. Eine Kastenform mit Backpapier auslegen, darauf achten, dass alle Ecken und Ränder bedeckt sind. Teig hineingeben, das Brot dann 45 Minuten an einen warmen Ort stellen.
3. Backofen auf 190 °C Umluft (oder 210 °C Ober-/Unterhitze) vorheizen. Das Brot darin auf der 2. Schiene von unten 60 Minuten lang backen. Mit einem Holzspießchen anstechen: das Brot ist fertig, wenn kein Teig mehr daran haften bleibt und es an der Unterseite fest ist (mit Handschuhen vorsichtig herausnehmen).
4. Sollte das Brot noch nicht fest sein, 5–10 Minuten lang nachbacken (Spießchentest wiederholen).
5. Herausnehmen und auf ein Gitter gestürzt auskühlen lassen. In Papier gewickelt aufbewahren.

Nur ungesalzene und nicht geröstete Nüsse und Samen verwenden!

Kartoffeln kochen

Zutaten

½ l warmes Wasser
1 TL Brühe, instant
evtl. 1 TL Rosmarin oder andere Kräuter
1 Knoblauchzehe
500 g Kartoffeln

Zubereitung

1. Wasser in den Mixtopf füllen. Brühpulver und nach Belieben den Knoblauch und den Rosmarin zugeben.
2. Kartoffeln waschen, wer mag schält sie anschließend. Bio-Kartoffeln kann man auch mitsamt der Schale verzehren. Dann in gleich große Stücke schneiden. Das ist wichtig, damit die Kartoffeln auch gleichzeitig durch sind.
3. Nun in den Garkorb füllen und **25 Min./Varoma/Stufe 1/mit MB** dämpfen. Nach 25 Minuten testen, ob sie bereits weich sind. Das restliche Kochwasser kann man evtl. für eine Soße weiterverwenden.

Ein klassisches Gericht sind gekochte Kartoffeln mit Spinat und Spiegeleiern.

FÜR DEN SUPPENKASPER

Brokkolicremesuppe

Zutaten für 4 Portionen
1 Zwiebel, geschält
400 g Brokkoli
100 g Kartoffeln, geschält
1 Knoblauchzehe, geschält
400 ml Geflügelfond
200 ml Wasser
½ TL Salz
150 ml Sahne
8 Basilikumblätter
1 Prise Pfeffer
1 Prise Muskatnuss

Zubereitung

1. Zwiebel vierteln, Brokkoli und Kartoffeln waschen, in grobe Stücke schneiden. Mit dem Knoblauch in den Mixtopf geben und **6 Sek./Stufe 5/ mit MB** hacken. Mit dem Spatel hinunterschieben.
2. Geflügelfond, Wasser und Salz dazugeben; alles **18 Min./100 °C/Stufe 1/ mit MB** kochen.
3. Sahne und Basilikum dazugeben, nochmals **5 Sek./Stufe 5/mit MB** mixen. Mit Muskat, Pfeffer und ggfs. Salz abschmecken.

Pinienkerne und ein Brokkoliröschen machen sich gut als Topping.

Gemüseeintopf

Zutaten für 4 Portionen

200 g Kohlrabi
300 g Kartoffeln (mehligkochend)
100 g Stangensellerie
200 g Karotten
1 Bund Lauchzwiebeln
oder 1 Stange Lauch
30 g Butter
100 g Räucherspeck, gewürfelt
2 TL Tomatenmark
1 TL Paprikapulver, edelsüß
500 ml Geflügelfond
(alternativ 2 EL Hühnerbrühpulver + 500 ml Wasser)
100 ml trockener Weißwein
Salz
½ TL Pfeffer
1 Prise Chilipulver
2 EL Petersilie

Zubereitung

1. Das Gemüse waschen, putzen, ggfs. schälen und in mundgerechte Würfel schneiden.
2. Butter und Speck im Mixtopf **7 Min./120 °C/Stufe 1/ohne MB** (**5 Min./Varoma/Stufe 1/ohne MB**) dünsten, in eine Schüssel umfüllen.
3. Tomatenmark, Gemüsewürfel und Paprikapulver in den Topf geben und **3 Min./120 °C/Stufe 2/ohne MB** (**3 Min./Varoma/Stufe 2/ohne MB**) rühren. Mit Brühe und Weißwein ablöschen. **25–30 Min./100 °C/Stufe 2/mit MB** weich kochen.
4. Speckwürfel in die Suppe geben. Mit Salz, Pfeffer und Chili abschmecken, mit gehackter Petersilie bestreut servieren.

Russische Soljanka

Zutaten für 4 Portionen

500 g Kalbfleisch
(Schulter oder Tafelspitz)
200 g Gemüsezwiebeln
4 EL Butter
1 EL Tomatenmark
800 ml Kalbsfond
3 rote Paprika, in Stücken
1 EL Paprikapulver
2 Lorbeerblätter
2 EL Kapern
2 Salzgurken
12 schwarze Oliven ohne Stein
4 Wiener Würstchen
1 Bio-Zitrone
1 Prise Zucker
Salz
Pfeffer
1 EL Soßenbinder
100 g Schmand

Zubereitung

1. Kalbfleisch abwaschen, mit einem Küchenpapier trocken tupfen, Fett entfernen und anschließend in ca. 1x2 cm große Stücke schneiden. Die Zwiebeln schälen und jeweils in 8 Stücke schneiden. Die Zwiebeln im Mixtopf **5 Sek./Stufe 4/mit MB** hacken. 3 EL Butter dazugeben und **5 Min./100 °C/Stufe 1/ohne MB** anschwitzen. Rühreinsatz aufstecken.

2. Die Fleischstücke in 2 Portionen aufteilen und jeweils in 1 EL heißer Butter in einer Pfanne 4 Minuten lang unter Rühren anbraten, dann in den Mixtopf umfüllen. Das Tomatenmark dazugeben und alles mit dem Fond begießen. Paprikastücke, Paprikapulver und Lorbeer dazugeben und alles **60 Min./Stufe 1/90 °C/Linkslauf/mit MB** ziehen lassen. Testen, ob das Fleisch weich genug ist (ansonsten noch etwa 5–10 Minuten lang weiterköcheln lassen).

3. Kapern grob hacken, Salzgurken in Würfel schneiden, Oliven halbieren, Wiener Würstchen in ½ cm dicke Scheiben aufschneiden. Alles dazugeben. Die halbe Zitrone auspressen und den Saft zur Suppe geben, die restliche Hälfte in dünne Scheiben aufschneiden. Mit Zucker, Salz und Pfeffer abschmecken und mit dem Soßenbinder nach Wunsch leicht eindicken. Nochmals **2 Min./100 °C/Stufe 1** rühren, danach mit jeweils einem Klecks Schmand und den Zitronenscheiben anrichten.

Alternativ zum Kalbfleisch kann auch dieselbe Menge Kassler ohne Knochen verwendet werden. Das Kassler ist allerdings bereits recht salzig, also sparsam würzen! Die Kochzeit verkürzt sich um rund 20 Minuten.

Asiatische Hühnersuppe

Zutaten für 2 große Portionen

4 Lauchzwiebeln
½ rote Paprika
250 g Karotten
2 Stangen Zitronengras
2 Schalotten
2 EL neutrales Öl
10 g Ingwer, geschält
1 Chilischote, entkernt
0,7 l Geflügelfond (oder 700 ml Wasser mit 1 geh. EL Hühnerbrühe)
200 g Hühnerbrust
1 EL helle Sojasoße
1 Knoblauchzehe, geschält und durch die Presse gedrückt
1 EL Sesamöl, geröstet
1 gestr. EL Stärke
50 g Glasnudeln
100 g Shiitake, frisch, geviertelt
1 TL Salz
¼ TL Pfeffer
1 TL Limettensaft
2 EL Korianderblättchen
1-2 EL Röstzwiebeln

Zubereitung

1. Grüne Teile der Lauchzwiebeln in feine Streifen schneiden und beiseitestellen. Weiße Teile fein aufschneiden. Paprika waschen, Zwischenhäute und Kerne entfernen und ebenfalls in Streifen schneiden. Karotten waschen, schälen und in dünne Scheiben schneiden. Zitronengras halbieren, mit einem Fleischklopfer der Länge nach abklopfen, sodass die ätherischen Öle freigegeben werden. Schalotten schälen und halbieren.
2. 1 EL Öl in den Mixtopf geben sowie die Schalotten und den grob zerteilten Ingwer. **5 Sek./Stufe 4/mit MB** hacken und vermischen, dann **5 Min./100 °C/ Stufe 1/ohne MB** dünsten.
3. Chili in Stücken dazugeben, das Gemüse (außer der grünen Lauchzwiebelstücke) sowie die Zitronengrashälften (werden später wieder herausgefischt) **5 Min./100 °C/Stufe 1/ohne MB** rühren. Mit dem Geflügelfond aufgießen und nun alles **30 Min./90 °C/Stufe 1/ohne MB** ziehen lassen.
4. Fleisch abwaschen und mit Küchenpapier trocknen. Quer zur Faser in dünne Streifen schneiden. In eine Schüssel geben, Sojasoße, Knoblauch und Sesamöl dazugeben. Mit der Stärke bestreuen und alles mit den Fingern gut vermischen, sodass das Fleisch gleichmäßig damit bedeckt ist. 15 Minuten lang marinieren. 1 EL Öl in einer Pfanne erhitzen und die Streifen darin ca. 4 Minuten lang braten, herausnehmen und auf ein Küchenpapier legen.
5. Die Glasnudeln mit einer Schere schneiden, während der letzten 5 Minuten zusammen mit den Shiitakepilzen und den grünen Lauchzwiebelstückchen dazugeben.
6. Zitronengras entfernen. Suppe mit Salz, Pfeffer und Limettensaft abschmecken, in Suppenteller verteilen, mit Koriander und Röstzwiebeln bestreuen, mit etwas Sesamöl beträufeln und mit dem Fleisch servieren.

Wer rohen Knoblauch nicht gut verträgt, kann ihn auch direkt mit dem Gemüse in der Suppe kochen, oder ganz weglassen. Statt Koriander schmeckt auch Schnittlauch gut. Evtl. mit gekochten Eiern und Chinakohl servieren.

Karotten-Ingwer-Suppe mit Garnelen

Zutaten für 4 Portionen

400 g Karotten
100 g Kartoffeln (mehligkochend)
20 g Ingwer, geschält
2 Schalotten oder 1 Zwiebel
1 Knoblauchzehe
1 EL Olivenöl
500 ml Gemüse- oder Hühnerbrühe
1 Chilischote, entkernt
250 g King Prawns mit oder ohne Schale
1 EL Öl zum Braten
1 geh. TL Salz
1 Prise Pfeffer
1 EL Honig
ein paar Blättchen Koriander oder Basilikum zum Garnieren
oder je Portion 1 EL Kürbiskernöl

Zubereitung

1. Karotten und Kartoffeln waschen, schälen und grob würfeln. Ingwer in Scheiben schneiden.
2. Schalotten oder Zwiebel schälen und in Stücke schneiden. Mit dem geschälten und halbierten Knoblauch in den Mixtopf geben und **4 Sek./Stufe 5/mit MB** grob hacken. Mit dem Spatel hinunterschieben, Olivenöl dazugeben und alles **5 Min./100 °C/Stufe 2 ohne/MB** rühren.
3. Karotten- und Kartoffelstücke dazugeben und weitere **5 Min./100 °C/Stufe 2/ohne MB** rühren. Mit der Brühe aufgießen und Ingwerscheiben und Chilischote dazugeben. **20 Min./100 °C/Stufe/mit MB** kochen.
4. In der Zwischenzeit die Garnelen mit kaltem Wasser gut abspülen, ggfs. den Darm entfernen. Wer mag, spießt sie dann auf Schaschlikspießchen auf. In einer Pfanne das Öl erhitzen und die Garnelen darin von jeder Seite 3–4 Minuten lang braten. Salzen und pfeffern.
5. Die Suppe intervallweise mit Turbostufe bzw. -taste mit aufgesetztem MB auf die gewünschte Konsistenz pürieren. Mit dem Honig würzen, salzen und pfeffern. Mit den Kräutern bestreuen oder das Kürbiskernöl dekorativ darüberträufeln. Mit den Garnelen servieren.

Sogenannte »Easy-Peel-Garnelen« wurden bereits die Därme gezogen und der Rückenpanzer etwas aufgeschnitten, sodass sie sich leichter schälen lassen.

Geflügelfond

Zutaten für mehrere Einmachgläser

Knochen und Reste von 1 Grillhähnchen (s. Rezept Hühnerfrikassee S. 69)
100 g Karotten, in Stücken
100 g Zwiebeln, in Stücken
1 Knoblauchzehe, halbiert
1 EL Suppengemüse, getrocknet
1 Lorbeerblatt
5 Pfefferkörner

Zubereitung

1. Knochen, Gemüse und Gewürze in das Garkörbchen füllen und einhängen. Warmes Wasser auffüllen, bis 2 cm unter den Deckelrand (ca. 2 l). **60 Min./90 °C/ Stufe 1/ohne MB** ziehen lassen, danach nochmals 60 Minuten wiederholen. In den letzten 10 Minuten auf 100 °C hochstellen.
2. Den Garkorb mit dem Spatel herausheben. Suppe durch ein Sieb passieren. Sofort in große Schraubgläser füllen, verschließen und auf den Kopf gestellt auskühlen lassen. Dieser Fond hält sich im Kühlschrank 2–3 Wochen.

Evtl. vor dem Verwenden die Fettschicht entfernen. Der Fond ist absichtlich ungesalzen, sodass er für viele Zwecke zu gebrauchen ist.

Vorteil vom Kochen im Thermomix®: Dieser Fond schmeckt hervorragend und die sonst beim üblichen Kochen im Kochtopf einsetzende Geruchsbildung wird minimiert!

LECKERES AUFS BROT

Erdnussbutter selbst gemacht

Zutaten für 2 Gläschen

400 g Erdnüsse, ungesalzen und ungeröstet (wer das Rösten nicht selbst machen möchte, kann auch bereits geröstete verwenden)
ca. 1 g feines Meersalz (nach Geschmack)
1-5 EL Rohrohrzucker (nach Geschmack)
3-5 EL gutes, eher geschmacksneutrales Öl, wie z. B. Sonnenblumenöl

Varianten:

Statt Zucker Honig oder Agavendicksaft verwenden
Gewürze zusetzen: etwas Zimt, Vanille, Lebkuchengewürz oder, wenn man es würzig mag, Ingwer, Kreuzkümmel, Chilipulver
Wer sie stückig mag, nimmt ein paar Esslöffel Nüsse heraus, bevor sie zu Mus werden und mischt sie ganz zum Schluss wieder unter

Je nachdem, ob es eine süße oder salzige Variante der Erdnussbutter werden soll, gibt man mehr oder weniger Zucker bzw. Salz hinzu.

Zubereitung

1. Die Erdnüsse in den Mixbecher geben und **20 Min./120 °C/Stufe 1/ohne MB** (**20 Min./Varoma/Stufe 1/ohne MB**) rösten, bis sie kräftig duften. In eine Schüssel umfüllen und abkühlen lassen.
2. Wieder in den Mixtopf schütten und etwas Salz sowie den Zucker dazugeben. Dann mit der Turbotaste intervallmäßig mit MB mixen, bis die gewünschte Konsistenz erreicht ist. Zwischendurch immer wieder mit dem Spatel alles nach unten schieben und so viel von dem Öl dazugeben, bis die Masse fast fließfähig, aber nicht flüssig ist – sie dickt nachher etwas nach. Jetzt nach Geschmack salzen, nochmals verrühren.
3. In ein sauber ausgespültes Schraubglas füllen und im Kühlschrank aufbewahren. So hält sich die Erdnussbutter bis zu 6 Wochen. Sobald sich ein unangenehm ranziger Geruch oder Schimmel bildet, muss sie entsorgt werden!

Fetacreme

Zutaten für eine mittelgroße Schüssel

1 rote Paprika
200 g Fetakäse
2 Knoblauchzehen, geschält
1 TL Petersilie, gehackt
100 ml Milch
200 g Frischkäse
1 EL Letscho
1 gestr. TL Paprikapulver
etwas feines Meersalz
½ TL Pfeffer

Zubereitung

1. Paprika waschen, Kerne und Zwischenhäute entfernen, in grobe Stücke schneiden. Fetakäse in Stücke zerteilen. Knoblauch durch eine Presse geben oder auf einer Reibe fein reiben.
2. Paprika und Petersilie mit etwas von der Milch im Mixtopf **15 Sek./Stufe 4/mit MB** hacken. Beide Käse, Knoblauchmus, Letscho und Paprikapulver sowie die Milch dazugeben und alles **15 Sek./Stufe 5/mit MB** mixen. Mit Salz und Pfeffer nach Geschmack würzen.

Selbst gemachter Frischkäse

Zutaten für ca. 350 g Frischkäse

250 g Magerquark
75 g Butter (Süßrahm)
100 g Schmand
½ TL Meersalz
etwas Pfeffer

Zubereitung

1. Quark, Butter und Schmand mit dem Salz im Mixtopf **5 Min./70 °C/Stufe 2/ohne MB** rühren. Den Pfeffer hineinmahlen und durchmischen.
2. Ein sauberes Mulltuch wässern und gut ausdrücken. Ein Sieb damit auslegen und die Käsemasse hineinschütten. Nach Belieben nun Kräuter oder Gewürze untermischen. Das Tuch fest zudrehen und in eine Schüssel oder, falls vorhanden, in ein Käsekörbchen stellen. Über Nacht in den Kühlschrank geben. Am nächsten Tag den nun festen Käse mit dem Tuch noch einmal ausdrücken. Aus dem Tuch nehmen und servieren. Wer mag, kann auch kleine Bällchen daraus formen und sie in Sesam oder Kräutern wälzen.

Man kann auch mal mit geriebenem Knoblauch, geschnittenen Chilischoten, Zitronenabrieb oder klein gehackten Kräutern variieren!

Paprika-Frischkäse-Aufstrich

Zutaten für 4 Portionen
1 Paprika, rot oder gelb
5 Radieschen
4 Lauchzwiebeln
2 EL Olivenöl
2 EL Paprikapulver, edelsüß
1 EL frische, gehackte Kräuter
500 g Frischkäse
Salz
Pfeffer

Zubereitung

1. Die Paprika waschen, putzen (Kerne und Zwischenhäute entfernen) und in grobe Stücke schneiden. Radieschen waschen, Blattgrün und Wurzeln abschneiden, vierteln. Die Lauchzwiebeln waschen, putzen, die dunkelgrünen Stellen der Lauchzwiebeln entfernen, die Stangen in 1 cm lange Stücke schneiden.
2. Paprika, Radieschen und Lauchzwiebelstücke im Mixtopf **5 Sek./Stufe 5/ mit MB** hacken.
3. Olivenöl, Paprikapulver, Kräuter und Frischkäse dazugeben. Alles **15 Sek./ Stufe 3** vermischen. Mit Salz und Pfeffer abschmecken.
4. In eine Schüssel umfüllen und am besten noch 1 Stunde lang im Kühlschrank durchziehen lassen. Innerhalb von 2 Tagen verbrauchen.

Ghee

Zutaten für ca. 450 g fertiges Ghee

500 g Süßrahmbutter

Wer Ghee als Aufstrich verwenden möchte, gibt während der letzten 10 Minuten gemahlene oder ganze Gewürze (z. B. Kreuzkümmel, Fünfgewürzpulver, Garam Masala, Curry) zu und filtert sie dann zum Schluss wieder aus. Dünn aufs Brot schmieren – lecker!

Zubereitung

1. Die Butter in Stücken in den Mixbecher geben und **60 Min./90 °C/Stufe 1/ohne MB** rühren. Die Butter dann durch einen Kaffeefilter klären, den Mixtopf säubern.
2. Das Butterschmalz nun wieder in den Mixtopf füllen und **60 Min./90 °C/Stufe 1/mit MB** köcheln lassen. Die letzten 15 Minuten auf 100 °C erhöhen.
3. Durch ein feines Sieb oder ein sauberes Stofftuch filtern. Dann wird es noch heiß in ein hitzefestes Glas gefüllt. Es wird nun fest oder, je nach Außentemperatur, auch cremig. Abgekühlt verschließen (erst dann, sonst bildet sich Kondenswasser, das das Öl verunreinigen würde).
4. Kühl gelagert hält sich Ghee nun bis zu 12 Monaten.

Wofür wird Ghee verwendet? Es hat einen feinen, nussig-buttrigen Geschmack. Durch das Kochen wird das Milcheiweiß entfernt, weshalb es sich so lange hält. Besonders in Indien verwendet man Ghee zum Kochen (Curry, Eintöpfe) und zur Körperpflege, weil es gesundheitsfördernd und entzündungshemmend sowie sehr gut verträglich ist. Daher sind Speisen, die mit Ghee zubereitet werden, besser bekömmlich. Durch den hohen Rauchpunkt von 205 °C ist es gut zum Braten und Frittieren geeignet. Wer an Laktose- und Milcheiweiß-Unverträglichkeit leidet, darf Ghee dennoch in seinen Speiseplan aufnehmen. Und vor allem: es schmeckt einfach genial gut! Probiert mal in Ghee ausgebackene Wiener Schnitzel oder Pfannkuchen, Kompott mit Gewürzen und einem Löffelchen Ghee.

Haselnuss-Aufstrich mit Karamell

Zutaten für 1 Glas

150 g Haselnüsse, ganz
100 g Zucker
1 TL Vanillezucker
1 l Haselnussmilch
¼ TL Meersalz
1 Prise Natron (wenn vorhanden)

Zubereitung

1. Haselnüsse im Mixtopf **20 Min./120 °C/Stufe 2/Linkslauf/ohne MB** (**20 Min./Varoma/Stufe 2/Linkslauf/ohne MB**) rösten.
2. Anschließend **10 Sek./Stufe 6/mit MB** mahlen. Nun die anderen Zutaten dazugeben und alles **60 Min./90 °C/Stufe 1/ohne MB** rühren.
3. Mit dem Spatel nach unten schieben und nochmals **20-30 Min./90 °C/ Stufe 1/ohne MB** kochen. Den heißen Aufstrich in Gläser abfüllen, sofort verschrauben und 10 Minuten auf den Kopf stellen. Dann wieder umdrehen und auskühlen lassen.

Heller Mmmhh ...-Aufstrich

Zutaten für 1 Glas

150 g weiße Schokolade, in Stücken (z. B. die weißen Callets von Callebaut)
50 ml Sahne
1 gestr. TL Kakaopulver, ungezuckert
½ TL Lebkuchengewürz
1-2 EL Rum (optional)

Zubereitung

1. Die Schokolade mit der Sahne, dem Kakao und dem Lebkuchengewürz in den Mixbecher geben (wer eine Tafelschokolade verwendet, schneidet sie vorher grob in Stücke). Alles **6 Min./50 °C/Stufe 1/ohne MB** rühren, nach 2 Minuten mit dem Spatel eventuelle Schokostücke von den Wänden nach unten schieben. So lange rühren, bis alles geschmolzen ist, dann den Rum dazugeben und nochmals kurz rühren, damit alles gut vermischt ist.
2. In ein sauberes Schraubglas füllen und erst nach dem Abkühlen verschließen. Kühl aufbewahren, die Creme bleibt auch im Kühlschrank streichfähig. Hält sich etwa 3 Wochen.

Foto siehe rechte Seite

Feine Marmelade

Zutaten für 5–6 Gläschen

1 kg Erdbeeren
500 g Gelierzucker
1 TL Vanillezucker
1 Zitrone

Varianten:

40 ml Rum oder Limoncello kurz vor dem Einfüllen zugeben

1 Büschel Minze (oder Melisse oder Basilikum) mit den Erdbeeren und dem Gelierzucker mitziehen lassen, vor dem Kochen aber wieder entfernen

Zubereitung

1. Erdbeeren unter kaltem Wasser abspülen, abtropfen lassen. Blütenansätze herausschneiden und angedrückte Stellen entfernen, dann die Beeren in Stücke schneiden (jede etwa in 6 Stücke).
2. Die Erdbeeren in einer großen Schüssel mit dem Gelier- und dem Vanillezucker vermischen und im Kühlschrank Platz dafür schaffen. Das Gemisch nun für mehrere Stunden – eventuell sogar über Nacht – im Kühlschrank Saft ziehen lassen.
3. Die Zitrone auspressen, Kerne entfernen. Beeren mitsamt dem gezogenen Zuckersirup in den Mixtopf umfüllen und jetzt alles **15 Min./100 °C/Stufe 1/ohne MB** rühren.
4. Die Gläser herrichten: am besten kochendes oder sehr heißes Wasser hineingießen und einige Minuten lang darin stehen lassen – die Deckel genauso spülen.
5. Jetzt eine Gelierprobe von der Marmelade nehmen: einen Löffel entnehmen und auf einen kühlen Teller setzen. Sanft darauf pusten und warten, ob sich langsam Wellen bilden, die darauf hinweisen, dass das Ganze geliert (also anzieht). Wenn nicht, muss sie noch 2–4 Minuten lang weitergekocht werden. Wenn ja, kann man sie abfüllen.
6. Am besten einen Marmeladentrichter auf die leeren Gläser setzen und jeweils bis kurz unter den Rand einfüllen. Sofort verschließen, mit einem Tuch nachdrehen und 10 Minuten lang auf den Kopf stellen (damit werden auch Restbakterien im Deckel abgetötet und ein Vakuum kann sich bilden). Danach wieder umdrehen und abkühlen lassen. Unbedingt beschriften! Hält sich 1 Jahr.

Statt Erdbeeren eignen sich auch Brombeeren, Heidelbeeren, Himbeeren und Johannisbeeren für diese Marmelade. Macht Laune am Frühstückstisch!

Pizzagewürz

Zutaten

2 EL getrocknetes Suppengemüse (Mischung)
2 EL Oregano
2 Chilischoten, getrocknet (oder ½ TL Chilipulver)
1 TL Thymian, getrocknet
1 TL Rosmarin, getrocknet
1 TL Bohnenkraut, getrocknet
1 TL Basilikum, getrocknet
1 TL grobes Meersalz

Alles **30 Sek./Stufe 8/mit MB** mahlen, öffnen und mit einem Pinsel hinunterschieben, dann wiederholen.

Pizzapaste

Zutaten für 4–6 Portionen

200 g Karotten, geschält
100 g Zwiebeln, in Stücken
2 Knoblauchzehen, geschält
250 g Butter, in Stücken
100 g Tomatenmark
1 EL Pizzagewürz (siehe oben)
1 EL Senf, scharf
1 gestr. TL Salz
1 Prise Pfeffer

Zubereitung

1. Karotten in Stücke schneiden, mit der Zwiebel und dem Knoblauch im Mixtopf **10 Sek./Stufe 5/mit MB** hacken, mit dem Spatel herunterschieben.
2. Die Hälfte der Butter, Tomatenmark, Pizzagewürz und Senf dazugeben und alles **8 Min./100 °C/Stufe 1/ohne MB** dünsten.
3. Restliche Butterstücke hineingeben, **1 Min./ Stufe 2/mit MB** verrühren. Mit Salz und Pfeffer würzen. Heiß in eine Schüssel mit Deckel füllen, verschlossen im Kühlschrank aufbewahren, innerhalb von 4 Wochen aufbrauchen.

Diese Paste ist sehr vielseitig, sie schmeckt warm zu Nudeln, Reis, Gemüse oder Kartoffeln und kalt als Brotaufstrich.

Wurstaufstrich

Zutaten für 6 Portionen
2 Schalotten
1 Knoblauchzehe
2 Eier, hart gekocht
200 g Salami oder Kochschinken
200 g Frischkäse
150 g Schmand
150 g Quark, Magerstufe
1 EL Charlys Kräutermix (siehe unten)
2 TL mittelscharfer Senf
¼ TL Pfeffer
½ TL Salz

Zubereitung

1. Schalotten und Knoblauch schälen, in Stücke schneiden. Eier schälen, vierteln. Wurst fein würfeln.
2. Schalotten und Knoblauchstücke im Mixtopf **5 Sek./Stufe 4/mit MB** hacken. Anschließend alle anderen Zutaten dazugeben und **20 Sek./Stufe 4/mit MB** rühren. Abschmecken, umfüllen und servieren. Innerhalb von 2 Tagen aufbrauchen (im Kühlschrank abgedeckt lagern).

Charlys Kräutermix für Kräuterquark und Kräuterbutter

Zutaten
4 Knoblauchzehen
4 EL Petersilie
15 Basilikumblätter
2 Chilischoten, entkernt
1 EL grobes Meersalz
2 EL Röstzwiebeln
1 TL Pfefferkörner
3 EL Schnittlauch
1 EL Selleriesamen
1 EL Dillspitzen
1 TL Paprikapulver

Zubereitung

1. Knoblauch schälen, vierteln. Frische Kräuter waschen, gut ausschütteln und mit einer Schere grob direkt in den Mixtopf schneiden. Chilis in Scheiben schneiden und dazugeben. **10 Sek./Stufe 5/mit MB** hacken, mit dem Spatel nach unten schieben und wiederholen. Auf ein mit Backpapier ausgelegtes Blech schütten, gut verteilen und bei 50 °C Umluft im Backofen trocknen lassen (oder bei Ober-/Unterhitze die Backofentüre mithilfe eines eingeklemmten Kochlöffels etwas offen stehen lassen), bis alles raschelltrocken ist (ca. 2–3 Stunden).
2. Salz, Röstzwiebeln und Pfefferkörner im Mixtopf **20 Sek./Stufe 10/mit MB** fein mahlen. Alles andere dazugeben und entweder **10 Sek./Stufe 3** mischen oder, wenn ein feines Pulver gewünscht ist, auf **Stufe 10** mahlen, bis alles die gewünschte Körnung hat.

Der Kräutermix lässt sich super für Frischkäse, Gemüse, Dips und Salate verwenden.

Rosmarin-Zitronenbutter

Zutaten für 250 g Butter

2–3 Zweige frischer Rosmarin
1 Bio-Zitrone
220 g weiche Butter
1 TL Honig
2 TL Senf, mittelscharf
1 Prise Chilipulver
1 Prise Muskatnuss
Salz
Pfeffer

Zubereitung

1. Rosmarinnadeln von den Zweigen zupfen und mit einem scharfen Messer fein schneiden. Zitrone unter heißem Wasser abwaschen, trocknen und die Schale mit einer Reibe abnehmen. Davon benötigt man 1 TL (den Rest mit Salz oder Zucker vermischen und in einem Glas für andere »Einsätze« aufheben). Saft auspressen, Kerne absieben.
2. Butter, Honig, Senf und Rosmarin im Mixtopf **30 Sek./Stufe 6/mit MB** schaumig rühren. Nach 20 Sekunden den Zitronensaft durch die Deckelöffnung in den laufenden Mixtopf schütten, sodass die Masse emulgiert. Eventuell weiterrühren, bis sich alles gut vermischt hat, dann den Zitronenabrieb, das Chilipulver und die Muskatnuss dazugeben. Mit Salz und Pfeffer nach Geschmack abschmecken.
3. In eine Schüssel füllen und kalt stellen. Lässt sich gut einfrieren. Innerhalb von 5 Tagen aufbrauchen.

Passt gut zu gebratenem und gegrilltem Fleisch, Fisch, Tofu, Gemüse sowie zu Kartoffeln, Pasta und auf geröstetes Brot.

Schokocreme

Zutaten für 1 Glas

80 g brauner Rohrzucker
1 TL Vanillezucker
1 Prise Salz
200 g weiche Butter oder vegane Margarine (z.B. Alsan)
2 EL Kakaopulver, ungesüßt
½ TL Zimt

Zubereitung

1. Zucker, Vanillezucker und Salz **20 Sek./Stufe 10/mit MB** zu Puderzucker mahlen. Mit dem Pinsel nach unten schieben.
2. Die weiche Butter (oder die vegane Margarine), Kakaopulver und Zimt dazugeben und alles **20 Sek./Stufe 4/mit MB** vermischen. Mit dem Spatel nach unten schieben und wiederholen. Anschließend in ein Glas füllen. Kühl lagern.

Foto siehe rechts

KAKAO
KAKAO

Schafskäsecreme

Zutaten für 500 g Creme

10 Mandeln
2 EL Sonnenblumenkerne
2 Knoblauchzehen
½ Salatgurke
200 g Schafskäse
200 g Frischkäse
Saft einer ½ Zitrone
½ TL Paprikapulver
½ TL Dillspitzen
¼ TL Meersalz
1 Prise Pfeffer

Zubereitung

1. Mandeln und Sonnenblumenkerne im Mixtopf **10 Min./120 °C/Stufe 1/ohne MB** (**10 Min./Varoma/Stufe 1/ohne MB**) rösten. Geschälten Knoblauch dazugeben und alles **10 Sek./Stufe 6/mit MB** zerkleinern. Mit dem Spatel nach unten schieben.
2. Die Gurke schälen, längs halbieren und die Kerne mit einem Löffel herauskratzen. Das Fruchtfleisch in Stücke schneiden, zu den Nüssen in den Mixtopf geben und alles nochmals **10 Sek./Stufe 6/mit MB** zerkleinern.
3. Schafskäse in Stücke schneiden. Mit dem Frischkäse, Zitronensaft, Paprikapulver, Dill und Salz hinzufügen, **10 Sek./Stufe 4** vermischen. Mit Pfeffer abschmecken und umfüllen. 1 Stunde im Kühlschrank ziehen lassen. Innerhalb von 2 Tagen aufbrauchen.

Schmeckt zu Brot, besonders zu geröstetem Baguette und Ciabatta, aber auch zu Fleisch, Gemüse und Kartoffeln. Evtl. noch eine klein geschnittene Paprika zugeben.

KETCHUP UND CO.

Mayonnaise

Zutaten für 1 Glas (ca. 300 ml)

- 2 Eier, M
- ½ TL Salz
- 1 Prise Pfeffer
- 1 EL Zitronensaft
- 1 geh. TL scharfer Senf
- 150 ml Sonnenblumenöl
- 80 ml Olivenöl

Zubereitung

Eier, Salz, Pfeffer, Zitronensaft und Senf in den Mixtopf geben. **2 Min./Stufe 4/ohne MB** rühren, dabei während der ersten 15 Sekunden langsam das Öl hineinlaufen lassen, damit es gut emulgiert. Abschmecken, nach Wunsch nachwürzen – und schon ist eine super feine Mayo fertig! Hält sich 2 Tage im Kühlschrank.

Eine Scheibe Vollkornbrot mit etwas Kräuterfrischkäse oder Kräuterquark bestreichen, mit frischer Kresse und Eismeergarnelen belegen und einen großzügigen Klecks Mayonnaise daraufgeben – fertig ist das belegte Brot von S. 51!

Trüffel-Mayonnaise

Zutaten für 1 Glas (ca. 300 ml)

- 100 ml Sonnenblumenöl
- 80 ml Haselnuss- oder Walnussöl
- 50 ml Trüffelöl
- 100 ml Distelöl
- 1 EL Röstzwiebeln
- 2 Eier, M
- ½ TL Rosmarin- oder Kräutersalz
- 1 Prise Pfeffer
- 1 EL Zitronensaft
- 1 geh. TL scharfer Senf

Zubereitung

1. Öle miteinander mischen. Die Röstzwiebeln im Mixtopf **15 Sek./Stufe 5/mit MB** mahlen. Eier, Salz, Pfeffer, Zitronensaft und Senf dazugeben. **2 Min./Stufe 4/ohne MB** mischen, dabei langsam das Öl durch die Deckelöffnung dazugeben. Abschmecken, evtl. etwas nachsäuern, nach Wunsch würzen. Hält sich 2 Tage im Kühlschrank.
2. Wer mag, hobelt noch ein paar Trüffelspäne direkt auf den Teller über die Soße.

Passt besonders gut zu feinen Speisen wie Roastbeef, Fisch, Salaten oder opulenten Luxus-Burgern.

Tomatenketchup

Zutaten für etwa 1 l Ketchup

1,5 kg Tomaten (je aromatischer, desto besser)
3 Zwiebeln, in Stücken
1 Chilischote
1–2 EL brauner Rohrohrzucker
100 ml Cola
evtl. etwas Apfelessig
1 TL Meersalz
½ TL Pfeffer, gemahlen
1 TL Currypulver
1 TL Paprikapulver

Zubereitung

1. Die Tomaten waschen, abtropfen lassen. Große Tomaten vierteln, kleine Tomaten halbieren. Mit den Zwiebelstücken und der entkernten Chili **15 Sek./Stufe 6/mit MB** zerkleinern. Mit dem Spatel alles nach unten schieben.
2. Restliche Zutaten dazugeben und **30 Min./100 °C/Stufe 1/ohne MB** rühren. **10 Sek./Stufe 6/mit MB** zerkleinern. Durch ein Sieb passieren, um die Schalenreste und Kerne zu entfernen.
3. Den Mixbecher ausspülen und das Tomatenmus erneut hineinschütten. Nun wird das Ganze eingekocht, bis es die gewünschte Konsistenz hat (je nachdem, wieviel Wassergehalt die Tomaten haben). **5-10 Min./100 °C/mit MB** kochen. Mit Salz und Pfeffer würzen, evtl. nachsüßen oder mit etwas Essig nachsäuern.
4. Flaschen oder Gläser mit heißem, abgekochten Wasser füllen, dann abschütten. Den sehr heißen Ketchup abfüllen, sofort verschließen und auf den Kopf stellen. Kühl und dunkel gelagert hält er sich mindestens 6 Monate.

MARINADEN, SOSSEN UND DIPS

Sweet Chicken

Zutaten für 1 kg Fleisch

- 3 EL Tomatenketchup
- 2 EL Sojasoße
- 2 EL Honig oder Agavendicksaft
- 2–3 Spritzer Tabasco
- 1 TL Salz

Zubereitung

1. Alle Zutaten in den Mixtopf geben, **15 Sek./Stufe 4/mit MB** vermischen.
2. Ein ganzes Hähnchen oder einzelne Hähnchenteile waschen, trocken tupfen und mit der Marinade einpinseln. Im Kühlschrank abgedeckt mindestens 2 Stunden lang marinieren, dann braten oder grillen.

Geflügelmarinade

Zutaten für ca. 100 g Marinade, ausreichend für 1 kg Geflügelteile

- 2 Schalotten
- 1–2 Knoblauchzehen
- 2 TL Salz
- 2 TL brauner Rohrohrzucker
- 15 Pfefferkörner
- ½ TL Oregano
- ¼ TL Kümmel
- 50 ml Olivenöl
- 1 TL Balsamico oder Rotweinessig
- 1 EL Wasser
- 1 geh. TL Paprikapulver
- ½ TL Kurkumapulver
- ½ TL Chilipulver

Zubereitung

1. Schalotten und Knoblauch schälen und in Stücke schneiden. Salz, Zucker, Pfeffer, Oregano und Kümmel in den Mixtopf geben und **3 Sek./Stufe 6/mit MB** mahlen. Alle restlichen Zutaten dazugeben und **30 Sek./Stufe 6/mit MB** mischen.
2. Geflügel von allen Seiten mit der Marinade einstreichen, am besten sogar auch unter die Haut drücken. 2–4 Stunden lang im Kühlschrank abgedeckt marinieren, dann grillen oder braten.

Knofi-Marinade

Zutaten, ausreichend für 1 kg Fleisch, Tofu oder Gemüse

6 Knoblauchzehen
1 TL Thymian, getrocknet (oder 3 TL frischer Thymian)
2 TL Paprikapulver
40 ml Limettensaft
1 EL Petersilie, getrocknet
1 TL Rohrohrzucker
120 ml Olivenöl
1 TL Rosmarinsalz
½ TL Pfeffer, gemahlen

Zubereitung

1. Knoblauch schälen und grob hacken. Alle anderen Zutaten beimengen und im Mixtopf **30 Sek./Stufe 6** mixen. Nicht verwendete Reste in einem Schraubglas im Kühlschrank aufbewahren, hält sich 1 Woche.
2. Fleisch, Tofu oder Gemüse damit marinieren, in eine Vakuumdose oder in einen Gefrierbeutel füllen und für 2–4 Stunden im Kühlschrank marinieren lassen.

Texas-BBQ-Soße

Zutaten für ca. 0,5 l

300 g Kirschgelee
200 ml Cherry Cola
200 g Ketchup
2 EL Zitronensaft
1 TL Zitronenabrieb
4 EL Worcestershiresauce
2 EL Senf (scharf oder mittelscharf)
1 EL Chipotle-Chilisoße
1 TL Chili, gemahlen
½ TL Pimenton de la Vera (geräuchertes Paprikapulver)
1 TL Knoblauchpulver
1 TL Salz

Zubereitung

Alle Zutaten in den Mixtopf geben und **10 Min./100 °C/Stufe 2/ohne MB** kochen. Heiß in eine Flasche füllen und verschließen. Hält sich im Kühlschrank 3 Monate.

Diese kräftig-süß-scharf-rauchige Soße eignet sich sowohl als Marinade als auch als Soße zum Dippen für Spareribs, Steaks, Grillfleisch, Hähnchen oder Tofu.

Asiatische Pflaumensoße

Zutaten für 200 g Soße

350 g blaue Pflaumen
10 g Ingwer, geschält
50 g Schalotten
3 Knoblauchzehen
1 TL Butter
1 Prise Zimt
1 Prise Chili, gemahlen
2 EL Honig
5 EL Sojasoße
1 EL Austernsoße
1 TL Tomatenmark
300 ml Rotwein

Zubereitung

1. Pflaumen waschen, halbieren, entsteinen und vierteln. Ingwer, Schalotten und Knoblauch grob schneiden. Im Mixtopf **5 Sek./Stufe 5/mit MB** zerkleinern.
2. Butter dazugeben und **5 Min./100 °C/Stufe 1/ohne MB** dünsten. Rühreinsatz aufstecken, Pflaumenstücke, Gewürze, Honig, Soja- und Austernsoße sowie das Tomatenmark dazugeben und **18 Min./100 °C/Stufe 1/ohne MB** leicht sämig einkochen, dabei nach 5 Minuten den Rotwein zugießen.

Lässt sich gut aufheben und verpasst vor allem Geflügel, ganz besonders Ente, aber auch Lamm, Wild, Schwein und Tofu eine feinfruchtige Note. Man kann die Soße aber auch als Glasur verwenden.

Dunkle Soße

Zutaten für 4 Portionen

1 EL Suppengemüse, getrocknet
1 Knoblauchzehe
¼ TL Salz
½ TL Zucker
1 Dose Tomaten, geschält (400 g)
150 ml Fleischbrühe
100 ml Rotwein
2 EL Bratensoße extra (Pulver)
1 Prise Thymian
1 TL Paprika
¼ TL Pfeffer
Crème fraîche nach Belieben

Zubereitung

1. Suppengemüse, geschälten Knoblauch, Salz und Zucker im Mixtopf **20 Sek./Stufe 5/mit MB** mahlen. Mit dem Spatel nach unten schieben.
2. Tomaten mit dem Saft dazugeben und **5 Sek./Stufe 5/mit MB** zerkleinern. Restliche Zutaten dazugeben und alles nun **15 Min./100 °C/Stufe 1/ohne MB** einkochen. Sämiger wird die Soße durch weitere 5 Minuten im Mixtopf. Mit Salz, Pfeffer und evtl. Crème fraîche abschmecken.

Die Soße lässt sich warm servieren zu kurz gebratenem oder gegrilltem Fleisch, aber auch zu Knödeln, Nudeln und Spätzle.

Zigeunersoße

Zutaten für 500 ml Soße

2 Zwiebeln
2 Schalotten
3 Knoblauchzehen
30 g Olivenöl
1 rote Paprika
½ gelbe Paprika
250 g Cocktailtomaten
2 TL Instant-Hühnerbrühe
2 EL Tomatenmark
1 EL Paprikapulver, edelsüß
½ TL Cayennepfeffer
1 TL Salz
½ TL Pfeffer
1 EL Zucker

Zubereitung

1. Zwiebeln, Schalotten und Knoblauch schälen und grob schneiden. Im Mixtopf **8 Sek./Stufe 5/mit MB** hacken. Spateln, Olivenöl dazugeben, **8 Min./120 °C/Stufe 1/mit MB** (**10 Min./ Varoma/Stufe 1/mit MB**) anbraten.
2. Paprika waschen und in Stücke schneiden. Mit den Tomaten zum Zwiebelmix in den Mixtopf geben. Mit einem Geschirrtuch auf dem MB abdecken und **15 Sek./Stufe 5/mit MB** hacken.
3. Brühpulver, Tomatenmark, Gewürze und Zucker dazugeben und **5 Min./120 °C/Stufe 1/ohne MB** (**5 Min./Varoma/Stufe 1/ohne MB**) einkochen. Zum Aufheben heiß abfüllen, im Kühlschrank lagern, innerhalb von 3 Wochen verbrauchen.

Passt zu Koteletts, Gegrilltem und Steaks vom Schwein!

Foto siehe rechte Seite

Ungarisches Letscho

Zutaten für 4–6 Portionen

100 g fetter Schinkenspeck, gewürfelt
3 Gemüsezwiebeln
500 g gelbe Spitzpaprika
200 g Tomaten, möglichst aromatisch
6 EL Olivenöl
2 EL Paprikapulver, edelsüß
1 EL Paprikapulver, scharf
½ TL Pfeffer
1 TL Salz
2 TL Zucker
2 EL Zitronensaft

Zubereitung

1. Speck in einer Pfanne kross anbraten, beiseitestellen.
2. Zwiebeln schälen, vierteln. Paprika waschen, Kerne und Innenwände heraustrennen, in Stücke schneiden. Tomaten waschen, trocknen, grob würfeln. Alles im Mixtopf **3 Sek./Stufe 5/mit MB** nicht zu fein hacken. Olivenöl, süßes und scharfes Paprikapulver, Pfeffer und Salz, Zucker und Zitronensaft dazugeben und alles **15–18 Min./Varoma/Stufe 2/ohne MB** (**15–20 Min./120 °C/ Stufe 2/ohne MB**) einkochen, bis eine sämige Soße entstanden ist. Die Speckwürfel erst während der letzten 5 Minuten dazugeben. Abschmecken, evtl. nachwürzen und noch warm oder kalt servieren. Reste in einem Schraubglas im Kühlschrank aufbewahren und innerhalb von 1 Woche verbrauchen.

Schmeckt am besten mit Paprikapulver direkt aus Ungarn. Das ist allerdings recht intensiv, man benötigt also etwas weniger, sonst wird das Gericht schnell bitter. Passt als Soße oder Dip zu Wurst und Eintöpfen.

HANDFESTE HAUPTGERICHTE

Chicken on a can

Zutaten für 2-3 Personen

1 Zwiebel
6 Knoblauchzehen
2 Äpfel, säuerlich, geviertelt
4 Zweige Rosmarin
1 Hähnchen, ca. 1 kg
0,5 l Kellerbier
2 Ciabattabrötchen
etwas Olivenöl
½ Bund Petersilie, gewaschen und ausgeschüttelt

Für die Marinade:

1 EL Paprikapulver
1 EL Currypulver
1 TL Salz
1 TL Pfefferkörner
1 TL Räucherpaprika
1 EL Rohrohrzucker
1 EL Oregano
½ TL Zitronenabrieb
50 ml Wasser (oder zusätzliches Bier)
1 EL Sesamöl
1 EL Aceto Balsamico

Für das Hähnchen:

1 Bierdose, 0,33 l
bzw. 1 Hähnchengriller

Zubereitung

1. Die Gewürze für die Marinade im Mixtopf **10 Sek./Stufe 10/mit MB** mahlen. Nun die Flüssigkeiten hinzugeben: Wasser, Sesamöl und Balsamico, alles **10 Sek./Stufe 3/mit MB** mischen.
2. Zwiebel schälen und in grobe Stücke schneiden, Knoblauch schälen und halbieren. Zwiebel-, Apfel- und Knoblauchstücke in der Auffangschale des Bräters verteilen. Rosmarin bis auf einen Zweig grob zerteilen, ebenfalls dazugeben. Wer nur mit einer Bierdose kocht, setzt diese in die Mitte einer für den Grill geeigneten runden Auflaufform und streut die Stücke außen herum.
3. Hähnchen abwaschen, überschüssige Haut und Fett abschneiden und mit der Marinade gründlich einpinseln, auch von innen. ⅔ der Dose oder des Bechers vom Bräter mit Bier füllen, 1 Knoblauchzehe und 1 Rosmarinzweig dazugeben. Hähnchen auf die Dose oder den Becher setzen, sodass es stabil steht. Restliches Bier auf die Apfel-Zwiebel-Mischung schütten, mit Salz und Pfeffer würzen. Im vorgeheizten Backofen (200 °C Ober-/Unterhitze) oder auf dem Grill (mit geschlossenem Deckel, indirekt) gut 1 Stunde lang garen, bis sich das Fleisch ablösen lässt. Wenn man an einer dicken Stelle mit einem Messer in das Fleisch sticht und klarer Saft herausläuft, ist es fertig.
4. Zum Schluss das Brot in Stücke schneiden oder brechen und mit etwas Olivenöl beträufelt noch ein paar Minuten mitbacken bzw. grillen lassen, bis es knusprig ist. Mit der zerzupften Petersilie bestreut servieren.

Mit einem Hähnchenbräter geht es noch besser!

... und dazu eine Mangojam

Zutaten für 250 ml Soße

1 reife Mango
2 Schalotten
10 g Ingwer, geschält
1 TL brauner Rohrohrzucker oder Honig
Saft und Schale von ½ Bio-Zitrone
½ TL Chilipulver
1 Prise Pfeffer
ein paar Spritzer Tabasco Chipotle nach Geschmack
½ TL feines Meersalz

Zubereitung

1. Mango schälen, Kern herausschneiden, Fruchtfleisch in den Mixtopf geben.
2. Schalotte schälen, in Stücke schneiden und dazugeben. Mit dem in Stücke geschnittenen Ingwer nun **15 Sek./Stufe 7/mit MB** pürieren, bis alles fein cremig ist.
3. Zucker oder Honig, Zitronenschale und Saft, Chilipulver und Pfeffer dazugeben und alles **7 Min./100 °C/Stufe 2/mit MB** kochen. Mit Tabasco und Salz abschmecken, nach Wunsch heiß oder kalt servieren.

Garnelen in Honig-Senf-Soße

Zutaten für 2–3 Portionen

2 Knoblauchzehen
3 EL Ahornsirup oder Honig
1 EL Senf, scharf
1 TL Tomatenmark
3 EL Olivenöl
1 TL Dillspitzen
1 EL Aceto Balsamico
½ TL Kräutersalz oder ¼ TL Salz
1 Prise Pfeffer
1 kg Easy-Peel-Garnelen, frisch oder TK, aufgetaut
150 ml Weißwein

Zubereitung

1. Knoblauch schälen und in Stücke schneiden, mit den anderen Zutaten (außer den Garnelen und dem Weißwein) im Mixtopf **10 Sek./Stufe 6/mit MB** verrühren. In eine große Schüssel umfüllen.
2. Garnelen in kaltem Wasser gründlich waschen und abtropfen lassen. In die Schüssel mit der Marinade geben, gründlich durchmischen und abgedeckt im Kühlschrank 45 Minuten lang ziehen lassen.
3. Rühreinsatz auf das Messer stecken, Garnelen mit der Marinade und dem Weißwein einfüllen und alles **18 Min./100 °C/Linkslauf/Sanftrührstufe/mit MB** garen. Die Garnelen herausnehmen und warm stellen. Die Soße nochmals **5 Min./Varoma/Stufe 1/ohne MB** reduzieren lassen. Zu den Garnelen reichen.

Dazu schmeckt ein knuspriges Baguette, Reis oder Pasta (wegen der leckeren Soße ein echtes Highlight!).

Leckere Käsespätzle

Zutaten für 2–3 Portionen

500 g Mehl (wer mag, verwendet Dinkelmehl: Type 1050)
9 Eier, M
evtl. 50 ml Mineralwasser
200 g geriebener Emmentaler
4 EL Sahne
1 Prise Muskatnuss
1 TL Salz
Pfeffer
1 EL gehackte Petersilie oder klein geschnittener Schnittlauch
2 EL Röstzwiebeln

Spätzlehobel oder Spätzlereibe
Lochkelle

Zubereitung

1. Mehl sieben, in den Mixtopf geben. Salz dazu abmessen. Die Eier aufschlagen. **1 Min./Stufe 3/ohne MB** rühren, dabei nach und nach die Eier durch die Deckelöffnung hineingeben. Der Teig muss klumpenfrei sein und gerade noch leicht fließfähig. Daher knapp 10 Minuten lang ruhen lassen.
2. In der Zwischenzeit einen großen Kochtopf zu $^2/_3$ mit Wasser füllen und zum Kochen bringen. Den Teig nochmals durchrühren, etwas (Mineral-) Wasser dazugeben, wenn er zu fest ist, und erneut **5 Sek./Stufe 2** durchrühren.
3. Den geriebenen Käse mit der Sahne und der Muskatnuss in eine hitzefeste große Schüssel geben und gut vermischen.
4. Sobald das Wasser kocht, den Teig portionsweise in den Hobel füllen, sofort auf den offenen Topf setzen und durch gleichmäßiges Hin- und Herschieben Spätzle produzieren. Diese müssen jetzt einmal aufkochen, dann schöpft man sie mit der Lochkelle ab und lässt sie sofort in die Schüssel mit der Käsemischung gleiten.
5. Mit dem Teig so weiter verfahren, bis er aufgebraucht ist. Alles gut durchmengen, mit Salz und Pfeffer abschmecken.
6. Die gehackten Kräuter und die Röstzwiebeln darüberstreuen und sofort genießen.

Fleischpflanzerl (Frikadellen) mit Tomaten-Paprikasoße

Zutaten für 3–4 Portionen

Für die Fleischpflanzerl:

2 altbackene Brötchen
100 ml dunkles Bier
1 Zwiebel, geviertelt
1 EL Kapern, abgetropft
1 Knoblauchzehe, geschält
1 EL Olivenöl
500 g gemischtes Hackfleisch (Rind und Schwein)
1 Ei
1 EL Senf, scharf oder mittelscharf
1 Prise Muskatnuss
1 TL Paprikapulver
1 TL Petersilie, getrocknet
½ TL schwarzer Pfeffer
½ TL Salz

Für die Soße:

2 Knoblauchzehen
4 EL Olivenöl
2 rote Paprika
1 gelbe Paprika
1 Dose Tomaten, stückig (400 g)
100 ml Fleischbrühe
1 TL Oregano
½ TL Salz
½ TL Chilipulver
1 Prise Pfeffer

Zubereitung

1. Brötchen in kleine Würfel schneiden, in eine Schüssel geben und mit dem vorher erhitzten Bier übergießen und einweichen lassen.

2. In der Zwischenzeit die Zwiebel, Kapern und den Knoblauch im Mixtopf **3 Sek./Stufe 6/mit MB** hacken. Olivenöl dazugeben und **6 Min./120 °C/Stufe 1/ohne MB** (**6 Min./Varoma/Stufe 1/ohne MB**) dünsten. Restliche Zutaten dazugeben, auch die eingeweichten Brötchen, und alles **2 Min./Teigstufe/mit MB** mischen. Aus der Masse dann per Hand kleine Fleischbällchen formen. Leicht flach drücken und in etwas Butter in einer heißen Pfanne von beiden Seiten jeweils bei starker Hitze 4–6 Minuten lang braun und knusprig braten.

3. Währenddessen die Soße zubereiten: Knoblauch schälen, vierteln und im Mixtopf **3 Sek./Stufe 5/mit MB** hacken. Mit dem Spatel hinunterschieben, Olivenöl dazugeben und **5 Min./120 °C/Stufe 1/ohne MB** (**5 Min./Varoma/Stufe 1/ohne MB**) rühren. Paprika waschen, Stielansatz, Kerne und Zwischenhäute herausschneiden, in Streifen schneiden. Rühraufsatz einstecken und Paprika einfüllen. **5 Min./120 °C/Stufe 1/ohne MB** (**5 Min./Varoma/Stufe 1/ohne MB**) braten. Tomaten, Fleischbrühe und die Gewürze dazugeben und alles nun **14 Min./120 °C/Stufe 1/ohne MB** (**15 Min./Varoma/Stufe 1/ohne MB**) braten (oder 20 Minuten lang, wenn das Fleisch gleichzeitig im Varoma gedämpft wird). Zwischendurch kontrollieren, bei Bedarf etwas Fleischbrühe nachgießen.

Anstatt in der Pfanne kann man die Pflanzerl im Thermomix® **20 Min/Varoma/Stufe 1** dünsten, während die Soße unten kocht.

Chicken-Maafe (Afrika)

Zutaten für 2–3 Portionen

6–8 Hähnchenkeulen (ohne Unterschenkel, ca. 900–1000 g)
1 TL Kreuzkümmel, gemahlen
1 TL Koriander, gemahlen
½-1 TL Chilipulver
1 TL Paprikapulver
½ TL Zimt
1 ½ TL Kräutersalz
150 g Zwiebeln, in Stücken
10 g Ingwer, geschält
3 Knoblauchzehen, geschält
2 EL Olivenöl
1 EL Tomatenmark
1 Dose Tomaten, stückig (400g)
50 g Erdnussbutter, fein

Zubereitung

1. Hähnchen waschen und in eine Schüssel geben. Gewürze und Salz in einer weiteren kleinen Schüssel miteinander vermengen, über die Hähnchenschenkel streuen, gut einreiben und für 1 Stunde im Kühlschrank ziehen lassen.
2. Zwiebelstücke, Ingwer (in Stücken) und Knoblauch im Mixtopf **4 Sek./Stufe 5/mit MB** hacken. Mit dem Spatel hinunterschieben und das Öl und Tomatenmark dazugeben. Nun **5 Min./100 °C/Stufe 1/ohne MB** dünsten.
3. Rühraufsatz auf das Messer stecken. Die Hähnchenschenkel mit dem dickeren Teil nach unten stehend hineingeben. Tomaten aus der Dose darüberschütten. **40 Min./100 °C/Linkslauf/Stufe 1/mit MB** garen. Überprüfen, ob sich das Fleisch gut vom Knochen lösen lässt, ansonsten noch 5 Minuten nachgaren. Die Hähnchen herausnehmen und in eine Schüssel geben.
4. Die Erdnussbutter zur Soße geben und **15 Sek./Stufe 3/mit MB** auflösen. Nach Belieben nachsalzen. Soße mit den Keulen servieren.

Durch das Kochen im Thermomix® wird die Haut nicht knusprig. Wen das stört, der packt die Keulen nach dem Kochen für ein paar Minuten unter den Grill des Backofens, aber Vorsicht, sie brennen schnell an!

Hühnerfrikassee

Zutaten für 4 Portionen

1 EL Gemüsebrühe (Pulver)
2 Tassen Reis
1 ganzes Brathähnchen, bereits gegart bzw. gegrillt von der Hähnchenbraterei
200 ml Sahne
350 ml Geflügelfond
1 Dose Gemüsemais (150 g)
100 g TK-Erbsen
1 TL Currypulver
1 TL Paprikapulver
1 Prise Pfeffer

Variante:

Die Hälfte vom Fond durch einen trockenen Weißwein ersetzen

Zubereitung

1. 1 l Wasser in den Mixtopf füllen, Brühpulver dazugeben. Reis in das Garkörbchen füllen, mit Wasser gut durchspülen. Dann in den Thermomix® einsetzen und **20–22 Min./Varoma/Stufe 1/mit MB** (je nach Reissorte) dämpfen. Wasser ausschütten, Reis in den Mixtopf umfüllen.

2. Das Brathähnchen auslösen, dabei nur das Fleisch verwenden (aus den Knochen lässt sich noch eine sehr leckere Hühnerbrühe kochen, siehe Seite 34). Mit einem Messer klein schneiden. Mit der Sahne, dem Geflügelfond, dem Mais (samt der Flüssigkeit), den Erbsen und den Gewürzen zum Reis geben. **8 Min./90 °C/Linkslauf** rühren, evtl. nachwürzen, fertig!

Schinken selbst gemacht

Zutaten für 3 Portionen
500 g Schweinefilet
1 TL Rosmarin
½ TL Thymian
1 TL Paprikapulver
1 EL scharfer Senf
1 EL Olivenöl
100 g Baconstreifen
1 EL Öl zum Anbraten
900 ml Wasser
1 TL Brühpulver

Zubereitung

1. Das Schweinefilet waschen und abtrocknen. Fett und Sehnen sorgfältig mit einem scharfen Messer entfernen (»parieren«) und das Fleisch in 2 Hälften schneiden. Gewürze, Senf und Öl in einer Tasse zu einem Brei anrühren. Das Fleisch von allen Seiten damit einpinseln. Die Hälften nun mit den Baconstreifen umwickeln.
2. Öl in einer Pfanne erhitzen und das Fleisch von allen Seiten 1 Minute lang anbraten. Herausnehmen und in Backpapier einwickeln. In den Varoma-Aufsatz geben.
3. Wasser und Brühpulver in den Mixtopf füllen, Varoma aufsetzen und **25 Min./Varoma/Stufe 1** garen (Kerntemperatur ca. 62 °C). Auskühlen lassen, aus dem Papier nehmen. Hält sich im Kühlschrank eingepackt in Frischhaltefolie mehrere Tage lang.

Kalt in Scheiben aufschneiden, mit Salz und Pfeffer oder Chutney zu Brot essen oder anstelle von Pastrami zu einem leckeren Sandwich verarbeiten.

Pizza-Grundteig

Zutaten für 1 Blech Pizza

300 g Mehl
50 g Hartweizengries
1 Pk. Trockenhefe oder ½ Würfel frische Hefe
1 TL Zucker
½ TL Meersalz
2 EL Olivenöl
180–200 ml Wasser, lauwarm

Zubereitung

1. Trockene Zutaten im Mixtopf **20 Sek./Stufe 3/mit MB** mischen. Olivenöl und die Hälfte des Wassers dazugeben und **2 Min./Teigstufe/ohne MB** kneten. Dabei langsam das restliche Wasser durch die Deckelöffnung dazugeben, bis der Teig nur noch ganz leicht an den Fingerkuppen klebt (je nach Mehl benötigt man etwas weniger oder mehr Wasser). In eine geölte Schüssel füllen.

2. Abgedeckt an einem warmen, zugfreien Ort gehen lassen, bis der Teig sich deutlich vergrößert hat (ca. 1 Stunde). Danach auf einer bemehlten Arbeitsfläche durchkneten, auf die Größe des Backblechs ausrollen. Auf ein mit Backpapier ausgelegtes oder gut eingefettetes Backblech geben und nach Wunsch belegen. Nochmals 10 Minuten lang ruhen lassen. Bei 220 °C Ober-/Unterhitze backen, bis der Teig durch ist (je nach Belag 20–30 Minuten).

Pizza-Quark-Ölteig

Zutaten für 1 Blech Pizza

250 g Mehl
200 g Magerquark, abgetropft
4 EL Öl
1 Ei, M
1 geh. TL Backpulver
½ TL Salz

Zubereitung

1. Super einfach: Alle Zutaten im Mixtopf **3 Min./Teigstufe/mit MB** kneten. Auf Backpapier legen, auf das Blech ziehen und mit dem Nudelholz ausrollen oder mit den Fingern einfach gleichmäßig dick bis in alle Ecken drücken.

2. Nach Wunsch belegen, im vorgeheizten Backofen bei 230 °C Ober-/Unterhitze 15–20 Minuten lang kross backen.

Aus diesem Teig lassen sich auch sehr leckere Schmandbrote herstellen: 4-6 ovale, dünne Teiglinge formen, mit Schmand bestreichen, klein gehackte Zwiebeln und Würfelspeck darauf verteilen, heiß backen. Anschließend fein geschnittene Lauchzwiebeln darauf verteilen und heiß genießen!

Tomatensugo für Pizza oder Nudeln

Zutaten für 1–2 Pizzableche bzw. 4 Portionen

1 Zwiebel, geviertelt
2 Knoblauchzehen, geschält
3 EL Olivenöl
1 Dose Tomaten, stückig (400 g)
1 EL Tomatenmark
1 EL Zucker
1 gestr. TL Paprika
1 Prise Chilipulver
¼ TL Pfeffer
1 EL Oregano
1 TL Rosmarin
1 TL Gemüsebrühe (instant)
1 gestr. TL Salz

Zubereitung

1. Zwiebel und Knoblauch im Mixtopf **4 Sek./Stufe 5/mit MB** hacken. Mit dem Spatel nach unten schieben, Olivenöl dazugeben und **6 Min./100 °C/Stufe 1/ohne MB** dünsten.
2. Restliche Zutaten dazugeben und alles **15 Min./90 °C/Stufe 1/ohne MB** einkochen.
3. Zur sofortigen Verwendung in eine Schüssel umfüllen und abkühlen lassen, bis der Sugo nur noch lauwarm ist.
4. Für die spätere Verwendung noch heiß in 1 oder 2 Gläser füllen, verschrauben und auf den Kopf stellen. Hält sich 2–3 Wochen im Kühlschrank.

Quinoa-Bratlinge

Zutaten für 3–4 Portionen

120 g Zwiebeln, geviertelt
2 Knoblauchzehen, geschält
100 g Lauch, in Stücken
100 g Karotten, in Stücken
100 g Pastinaken, in Stücken
100 g Zucchini, in Stücken
3 EL Sesamöl
360 ml Gemüsebrühe
150 g Quinoa
1 TL Paprikapulver
1 TL Currypulver
1 TL Salz
etwas Tabasco
½ TL Pfeffer
40 g Haferflocken
2 EL gehackte Petersilie
100 g Semmelbrösel
Olivenöl zum Braten
ca. 50 g Butter zum Braten

Zubereitung

1. Zwiebel, Knoblauch und Lauchstücke in den Mixtopf geben und **4 Sek./Stufe 5/mit MB** hacken und umfüllen. Karotten, Pastinaken und Zucchini **5 Sek./Stufe 5/mit MB** hacken. Sesamöl dazugeben sowie das bereits gehackte Gemüse und alles **4 Min./100 °C/Stufe 2/ohne MB** dünsten, umfüllen.
2. Gemüsebrühe im Mixtopf **8 Min./100 °C/Stufe 1/mit MB** kochen. Quinoa dazugeben, alles **17 Min./90 °C/Stufe 1/mit MB** quellen lassen, bis sie weich ist. Gemüse, Gewürze, Haferflocken und Petersilie dazugeben und **1 Min./Stufe 5/Linkslauf** rühren. Umschütten und abkühlen lassen, dann die Semmelbrösel untermischen.
3. Olivenöl und Butter in einer Pfanne erhitzen und die Bratlinge von beiden Seiten jeweils ca. 5 Minuten lang bei mittlerer Hitze nicht zu dunkel braten.

Fein dazu: Tomatensugo (Seite 72) oder ein Knoblauch-Schmand-Dip.

Weißwürste kochen

Zutaten für 3–4 Portionen

2 Zweige Petersilie
1 Prise Salz
8 Weißwürste

Zubereitung

1. Die Petersilie grob schneiden und mit dem Salz in den Mixtopf legen. Die Würste in das Garkörbchen geben und einsetzen. So viel warmes Wasser einfüllen, bis die Würste vollständig im Wasser liegen.
2. Jetzt **28 Min./80 °C/Stufe 1/ohne (wichtig!) MB** erhitzen. Vorteil: die Würste platzen so auch ohne Aufsicht nicht!

Dazu ein feiner süßer Senf, Brezen und ein kühles Bier – perfekt!

Tiroler Kaspressknödel

Zutaten für 7–8 Stück (Hauptgericht für 2, Beilage für 4 Personen)

150 g Tiroler Bergkäse
250 g Brötchen vom Vortag (ca. 4 Stück, altbacken oder Knödelbrot)
200 ml Milch
1 Prise Muskatnuss
6 Zweige Petersilie (glatt) oder 2 EL TK-Petersilie
50 g Schalotten, in Stücken
1 EL Butter
60 g fein gewürfelter Räucherschinken
1 Ei, M
2 EL Röstzwiebeln
1 TL Majoran
1 Prise schwarzer Pfeffer
½ TL Salz
Butterschmalz zum Braten

Zubereitung

1. 1 Stunde vor Kochbeginn den Käse in Würfel schneiden und diese einfrieren.
2. Wenn der Käse sehr fest ist, geht es weiter: Die Brötchen in kleine Würfel schneiden, in eine Schüssel geben. Die Milch mit der Muskatnuss zum Kochen bringen, darübergießen und alles 3 Minuten lang quellen lassen.
3. Petersilie waschen, gut ausschütteln und die Blätter abzupfen. Mit den Käsewürfeln jetzt im Mixtopf **8 Sek./Stufe 6/mit MB** nicht zu fein hacken, zur Brötchenmasse schütten.
4. Zwiebeln im Mixtopf **5 Sek./Stufe 5/mit MB** fein hacken, mit dem Spatel nach unten schieben. Butter dazugeben und Schinkenwürfel, **5 Min./100 °C/ Stufe 1/ohne MB** anbraten. Brötchenmasse, Ei, Röstzwiebeln und Gewürze hinzufügen und alles nun **1 Min./Teigstufe/mit MB** mischen. Mit nassen Händen feste Knödel aus der Masse formen. Flach gepresst in Butterschmalz von beiden Seiten je etwa 4 Minuten lang unter ständigem Wenden bei mittlerer Hitze goldbraun und knusprig ausbraten.

Als Suppeneinlage oder mit Sauerkraut bzw. Salat serviert eine österreichische Spezialität!

Kgl.
bayer.

Ungarisches Gulasch

Zutaten für 3–4 Portionen

750 g Rindergulasch
1 EL Schweine- oder Butterschmalz
400 g Zwiebeln, in Stücken
3 Knoblauchzehen, geschält
1 EL Tomatenmark
150 ml Rotwein, trocken
500 ml Rinder- oder Gemüsefond
200 g Tomaten, in Würfeln
1 Lorbeerblatt
1 TL Oregano
1 TL Majoran
1 Prise Zimt
½ TL Kümmel, gemahlen
1 TL Currypulver
2 EL Paprikapulver, edelsüß
2 Chilischoten, getrocknet
2 EL Letscho (gekauft oder siehe Rezept Seite 60)
1 TL Zucker
½ TL Pfeffer
1 TL Salz
2 Spitzpaprika, rot
2 Spitzpaprika, gelb

Zubereitung

1. Fleisch abwaschen und trocken tupfen. Größere Stücke klein schneiden (ca. 1 x 2 cm), eventuelles Fett entfernen. In einer Pfanne das Schmalz erhitzen.
2. Zwiebeln und Knoblauch im Mixtopf **5 Sek./Stufe 5/mit MB** hacken. In eine heiße Pfanne geben und unter Rühren andünsten. Bevor die Zwiebeln zu dunkel werden, das Fleisch hinzugeben und darin alles unter Rühren ein paar Minuten lang anbraten. Dabei das Tomatenmark mitdünsten. Mit dem Wein ablöschen, nach weiteren 2 Minuten in den Mixtopf umfüllen.
3. Die Brühe, die Tomaten, die Chilischoten und alle Gewürze (vom Salz nur die Hälfte) hinzufügen und alles nun **30 Min./100 °C/Linkslauf/Stufe 1/mit MB** kochen. Die Paprika waschen, Kerne und Zwischenhäute entfernen und klein würfeln. Zum Gulasch geben und weitere **25–30 Min./100 °C/Linkslauf/Stufe 1** kochen. Dabei den Garkorb als Spritzschutz auf den Deckel stellen, so kocht die Soße schön sämig ein.
4. In der Zwischenzeit die Beilagen kochen (Knödel, Reis, Nudeln, Kartoffeln etc. evtl. auch im Garkorb im Mixtopf, falls noch Platz ist). Das Gulasch mit Salz abschmecken und mit den Beilagen servieren.

Roastbeef

Zutaten für 4 Portionen

0,8–1 kg gut abgehangene Rinderlende
4 Zweige Rosmarin
3 Knoblauchzehen
2 Prisen Pfeffer
4 EL Olivenöl

Für die Soße:
2 TL Tomatenmark
1 TL Zucker
1 Karotte, klein gewürfelt
3 Schalotten, in Stücken
100 g Sellerieknolle, gewürfelt
1 Knoblauchzehe
100 ml Rotwein
½ TL Thymian
200 ml Rinderfond
evtl. Sahne
Salz
Pfeffer

Zubereitung

1. Die Lende waschen, mit einem Küchentuch trocken tupfen. Rosmarinnadeln abzupfen. Knoblauch schälen und in Scheiben schneiden. Die Lende mit Öl einreiben, pfeffern und auf ein Stück Frischhaltefolie setzen. Rosmarin und Knoblauch darauf und darunter verteilen, gut einpacken und über Nacht im Kühlschrank marinieren. Das Fleisch wird bewusst nicht gesalzen, damit es nicht trocken wird.

2. Rosmarin und Knoblauch wieder entfernen und in einer Schüssel beiseitestellen. Das Fleisch nun in einer heißen Pfanne von allen Seiten jeweils 1 Minute lang scharf anbraten.

3. Den Varoma-Aufsatz mit einem großen Stück Backpapier auskleiden, den Rosmarin und den Knoblauch darauf verteilen. Fleisch daraufsetzen und zu einem Päckchen falten (die seitlichen Schlitze vom Aufsatz müssen frei bleiben, damit noch Dampf hochsteigen kann).

4. Den Mixtopf mit 1 l Wasser füllen. **34 Min./120 °C/Stufe 1** (**35 Min./Varoma/Stufe 1**) dämpfen (Kerntemperatur ca. 44 °C). Varoma herunternehmen und 10 Minuten lang nachziehen lassen.

5. Die Soße zubereiten: Im heißen Bratensatz das Tomatenmark unter Rühren 1 Minute lang anschwitzen, Zucker, das Gemüse und die Knoblauchzehe zugeben und 2 Minuten lang mitbraten. Mit dem Rotwein ablöschen. Thymian hinzufügen und alles einkochen, bis die Masse eingedickt ist. Bevor sie anbrennen kann, mit der Brühe ablöschen und wiederum ein paar Minuten lang einkochen. Wenn sie beginnt, sämig zu werden, im Mixtopf (wenn das Fleisch fertig ist) **15 Sek./Stufe 5/mit MB** mixen. Wer mag, fügt nun etwas Sahne hinzu, anschließend salzen und pfeffern.

6. Je nachdem, wie dick das Fleisch ist, kann sich die Dämpfdauer verkürzen oder verlängern! Für eine dampfgegarte Beilage einfach Gemüse in Stücken 15 Minuten vor Kochende in den Varoma neben das Fleischpaket legen.

Rouladen mit ...

Zutaten für 4–6 Portionen

150 g Gewürzgurken
400 g Zwiebeln, in Stücken
¼ TL Salz
1 Prise Pfeffer
1 TL Paprikapulver
6 Rinderrouladen (ca. 1100 g)
6 TL Senf, scharf oder mittelscharf
200 g Baconstreifen
12 Blätter Salbei
2 EL Bratöl

Für die Soße:

200 g Karotten
50 g Lauch
2 Knoblauchzehen
100 g rote Zwiebel
200 ml Rotwein, trocken
1 EL Tomatenmark
1 l Fleischbrühe
200 ml Wasser
1 TL Zucker
Salz
Pfeffer

Zubereitung

1. Halbierte Gewürzgurken und Zwiebelstücke im Mixtopf **4 Sek./Stufe 5/mit MB** hacken, mit dem Spatel nach unten schieben, Salz, Pfeffer und Paprikapulver hinzugeben und nochmals **4 Sek./Stufe 5/mit MB** rühren. Durch ein Sieb die Flüssigkeit abtropfen lassen. Rouladen waschen, trocken tupfen, eine Seite gleichmäßig pfeffern und salzen. Mit jeweils 1 TL Senf auf derselben Seite einstreichen, den Bacon darauflegen und die gehackte Füllung darauf verteilen (1½ EL pro Roulade). Je 2 Salbeiblätter darauflegen und die Rouladen von der kurzen Seite her zusammenrollen. Mit Holzspießchen an beiden Enden verschließen (oder Küchengarn bzw. Rouladenklammern). In einer Pfanne das Öl erhitzen, die Rouladen darin von jeder Seite kurz anbraten, sodass sie leicht angebräunt sind. Varoma mit Backpapier auslegen, die Rouladen daraufsetzen und (nicht zu fest) zu einem Päckchen wickeln.
2. Das Gemüse für die Soße putzen und in Stücke schneiden, dann im Bratensatz der Pfanne unter Rühren anbraten. Mit dem Wein ablöschen, Tomatenmark einrühren, 5 Minuten bei starker Hitze einkochen lassen, bis alles sämig wird. In den Mixtopf umfüllen, Brühe und Wasser dazugeben. Varoma mit den Rouladen aufsetzen und **56 Min./Varoma/Sanftrührstufe/mit MB** (**60 Min./Varoma/Sanftrührstufe/mit MB**) kochen. Kontrollieren, ob noch genug Flüssigkeit vorhanden ist (evtl. mit Wasser oder Wein auffüllen, sodass noch mindestens 600 ml darin sind). Nochmals **25 Min./Varoma/Sanftrührstufe/mit MB** garen.
3. Varoma herunterheben und beiseitestellen. Ausgetretenen Fleischsaft in den Mixtopf schütten. **15 Sek./Stufe 5/mit MB** mixen, mit dem Zucker, Salz und Pfeffer würzen. Fleisch und Soße mit entsprechenden Beilagen servieren.

... Apfel-Rotkraut

Zutaten für 4 Portionen (Beilage)

1 Apfel, säuerlich
500 g Rotkohl, äußere Blätter bereits entfernt
1 EL Griebenschmalz (alternativ Butterschmalz)
100 ml Rotwein
100 ml Fleischbrühe
2 EL Honig
1 TL brauner Zucker
1 Salbeiblatt
1 Prise gemahlene Nelken
2 EL Preiselbeermarmelade
1 Prise Pfeffer
½ TL Salz

Zubereitung

1. Apfel schälen, entkernen und würfeln. Rotkohl in grobe Stücke schneiden. Wer mag, entfernt den Strunk (muss aber nicht sein). Den Kohl im Mixtopf **10 Sek./Stufe 5/mit MB** hacken, sodass er nicht zu fein wird. Griebenschmalz, Rotwein, Fleischbrühe, Honig, Zucker und Apfelstücke dazugeben und alles **60 Min./100 °C/Stufe 2/Linkslauf/mit MB** kochen.

2. Salbei, Nelken, Preiselbeermarmelade, Pfeffer und Salz dazugeben und nochmals **5 Min./100 °C/Stufe 1/ohne MB** köcheln. Abschmecken – fertig. Wer den Thermomix® bereits mit den Rouladen »besetzt« hat, lässt das Kraut einfach in einem Kochtopf köcheln, zunächst abgedeckt, später ohne Deckel (regelmäßig umrühren).

Chili con Carne

Zutaten für 4 Portionen

150 g rote Paprika, in Stücken
100 g Zwiebeln, in Stücken
2 Knoblauchzehen, geschält
2 EL Olivenöl
1 gestr. TL Chilipulver
1 TL Kreuzkümmel, ganz
½ TL Zimt
1 EL Paprikapulver, geräuchert
1 TL Rohrohrzucker
½ TL Pfeffer
1 TL Salz
500 g Rinderhack
400 ml Hühnerfond
1 Dose Tomaten, stückig (400 g)
1 Dose Kidneybohnen, abgetropft (400 g)
1 kleine Dose Mais (150 g)
1 Dose Kichererbsen, abgetropft (400 g)
1 EL Aceto Balsamico

On Top:
Koriandergrün oder Petersilienblätter, evtl. 1 Becher Schmand, verrührt mit etwas Limettensaft, Salz und Pfeffer

Zubereitung

1. Paprika, Zwiebeln und Knoblauch im Mixtopf **5 Sek./Stufe 5/mit MB** hacken, mit dem Spatel nach unten schieben. Olivenöl dazugeben und **8 Min./100 °C/Stufe 1/ohne MB** anbraten. Gewürze hinzufügen.

2. Hackfleisch dazugeben, alles **5 Min./100 °C/Linkslauf/Stufe 1/ohne MB** kochen. Mit dem Hühnerfond ablöschen. Tomaten, Bohnen, Mais und Kichererbsen sowie Balsamico hineingeben und alles nochmal **15 Min./100 °C/Linkslauf/Stufe 1/ohne MB** garen. Mit Salz und Pfeffer abschmecken.

SÜSSE VERSUCHUNGEN

Feine Pfannkuchen

Zutaten für 6–7 Pfannkuchen

- 100 g Mehl, Type 1050
- 5 Eier, M
- 1 Prise Salz
- 170 ml Milch
- 100 ml Wasser
- Butter oder Butterschmalz zum Braten

Zubereitung

1. Mehl abwiegen und griffbereit stellen. Eier aufschlagen, mit dem Salz in den Mixtopf geben. **50 Sek./Stufe 3** rühren, dabei löffelweise das Mehl durch die Deckelöffnung dazugeben. Milch und Wasser hinzufügen, nochmals **20 Sek./Stufe 4/mit MB** mixen. In eine Schüssel umfüllen und 10 Minuten lang ruhen lassen.

2. Eine beschichtete Pfanne (ich empfehle eine dunkle Keramikpfanne, 24 cm Durchmesser) erhitzen, 1 TL Butter darin schmelzen lassen. Den Teig vor jeder Entnahme durchrühren, dann jeweils 1 Suppenschöpflöffel Teig zügig in die Pfanne geben und gleichmäßig darin verteilen. Braten, bis der Teig fest wird, dann den Pfannkuchen wenden und die andere Seite ebenfalls etwa 30 Sekunden lang braten, bis sie Farbe annimmt. Auf einen Teller gleiten lassen. Erneut Butter schmelzen lassen und so weiter verfahren, bis der Teig aufgebraucht ist. Die Pfannkuchen gestapelt liegen lassen, bis sie gegessen werden, oder im Backofen bei 80 °C warm halten.

Dazu: Apfelmus mit Schuss ...

Zutaten für 1 großes Glas oder 4–6 Portionen

500 g säuerliche Äpfel, geschält und entkernt
Saft und Abrieb von 1 Bio-Zitrone
2 EL Rohrohrzucker
1 TL Zimt
150 ml Wasser
1 TL Vanillezucker
40 ml Whisky oder Rum (z. B. Bacardi Black)

Zubereitung

1. Äpfel in Stücke schneiden und mit den anderen Zutaten bis auf den Alkohol in den Mixtopf geben. **5 Sek./Stufe 5/mit MB** hacken, dann **12 Min./100 °C/Stufe 2/mit MB** kochen lassen.
2. Whisky oder Rum dazugeben und **5 Sek./Stufe 8/mit MB** fein pürieren (sehr heiß, am besten vorsichtshalber auf den Deckel ein dickes Küchentuch legen und es festhalten). **2 Min./100 °C/Stufe 2/mit MB** weiterkochen, dann entweder heiß abfüllen oder zum Auskühlen in eine Schüssel umfüllen.

Hält sich, sofort kochend heiß abgefüllt und verschlossen, im Kühlschrank gelagert eine Woche lang. Schmeckt sowohl warm als auch kalt. Wer das Apfelmus süßer mag, verwendet etwas mehr Zucker.

... und Karamellsoße

Zutaten für etwa 6 EL

4 EL Zucker
200 g Sahne
1 EL Butter (ca. 30 g)
1 Prise Salz

Zubereitung

1. Alle Zutaten in den Mixtopf füllen und **12 Min./Varoma/Stufe 2/ohne MB** köcheln lassen.
2. Soße in ein Schüsselchen oder eine kleine Dessertsauciere umfüllen und den Mixtopf sofort mit heißem Wasser ausspülen! Die Soße wird nach dem Abkühlen dick und cremig. Löffelweise zum Dessert geben.

Für mehr Soße das Karamell nochmals kochen. Nicht die Zutatenmenge einfach verdoppeln, sonst kocht alles über!

New York Cheesecake

Zutaten für 1 Kuchen (Springform)

150 g Butter, weich
150 g Zucker
1 TL Vanillezucker
500 g Frischkäse (Doppelrahmstufe)
4 Eier, M
400 g Sahnejoghurt (griech. Art)
Abrieb von ½ Bio-Zitrone
2 EL Rumrosinen (optional)

Für den Boden:

200 g Butterkekse
100 g Butter, weich
½ TL Zimt

1 Springform mit 26 cm Durchmesser

Als Belag:

30 g Mandeln, gehobelt
nach Wunsch 150 g Himbeeren

Zubereitung

1. Backofen auf 160 °C Umluft (170 °C Ober-/Unterhitze) vorheizen.
2. Butterkekse grob in Stücke brechen und im Mixtopf **6 Sek./Stufe 5/ mit MB** zerkleinern.
3. 100 g Butter und Zimt zu den Kekskrümeln geben und alles **2 Min./90 °C / Stufe 1/ohne MB** rühren, bis die Butter geschmolzen ist. In die gebutterte Springform schütten und gleichmäßig darin verteilen, sodass die Masse fest gedrückt wird, dabei fest an den Rand drücken (wer ganz sichergehen will, wickelt vorher einen Streifen Backpapier von innen um den Rand).
4. Restliche Butter, Zucker, Vanillezucker und Frischkäse in den Mixtopf füllen und **1 Min./Stufe 4/mit MB** rühren. Eier, Joghurt, Zitronenschale und Rosinen dazugeben, alles **40 Sek./Stufe 4/mit MB** mischen.
5. In die Backform füllen und auf der mittleren Schiene 40–50 Minuten lang backen, sodass der Kuchen noch hellgelb ist. Sollte die obere Schicht zu dunkel werden, den Kuchen mit Alufolie abdecken. Mit einem Holzstäbchen testen, ob er fertig ist (es darf kein Teig mehr daran hängen bleiben!). Herausnehmen und in der Form abkühlen lassen.
6. Gut durchgekühlt mit den Mandeln bestreut und evtl. mit einigen pürierten oder auch frischen Früchten servieren.

Apfelstrudel

Zutaten für 2 Strudel (1 Blech)

1 kg säuerliche Äpfel
200 g Schmand
250 g Quark, 20 % Fett
4 EL Rohrohrzucker
150 g Rumrosinen
1 EL Zimt
150 g Butter
1 Pk. Feiner Filoteig, 8 Blätter, 30 x 30 cm

Zum Bestäuben:
Puderzucker

Zubereitung

1. Die Äpfel abwaschen, in 8 Teile schneiden, Reste der Kerngehäuse entfernen. In 2 Portionen im Mixtopf **2 Sek./Stufe 5/mit MB** hacken, in eine große Schüssel umfüllen.
2. Backofen auf 180 °C Umluft vorheizen.
3. Schmand, Quark, Zucker, Rosinen und Zimt im Mixtopf **20 Sek./Stufe 2/ mit MB** mischen. Zu den Äpfeln schütten und mit einem Kochlöffel gut vermengen.
4. Die Butter in einem kleinen Topf zum Schmelzen bringen.
5. 4 Blätter Filoteig auf einer sauberen Arbeitsfläche ausbreiten, sodass immer 2 Stück aufeinander und 2 nebeneinanderliegend eine Fläche von ca. 30 x 55 cm bilden. Mit der geschmolzenen Butter mithilfe eines Pinsels einstreichen. Die Hälfte der Apfelmischung mittig längs esslöffelweise daraufsetzen, die kurzen Enden einschlagen und von der langen Seite her einrollen. Möglichst mit der Nahtstelle nach unten auf ein mit Backpapier belegtes Blech setzen.
6. Mit Butter bestreichen. Mit den anderen Teigblättern und der zweiten Hälfte der Äpfel genauso verfahren, sodass 2 Strudel auf dem Blech nebeneinander liegen. Im Backofen ca. 40 Minuten lang backen, bis die Strudel eine schöne, dunkelgoldene Farbe angenommen haben.
7. Abgekühlt mit gesiebtem Puderzucker großzügig bestreuen. Mit geschlagener Sahne oder Vanillesoße servieren.

Noch leckerer: 25 g Pinienkerne in der Pfanne kurz ohne Fett anrösten und zur Apfelmasse geben!

Weltbester Gewürzkuchen

Zutaten für 1 großen Kuchen

Butter zum Einfetten
3 EL Semmelbrösel für die Form
450 g Mehl
1 Pk. Backpulver
100 g Kakaopulver
1 Prise Salz
1 TL Zimt
1 Prise Kardamom
1 Prise Macisblüte
1 Prise Muskatnuss
1 Prise Gewürznelken
1 Prise Piment
1 Prise Sternanis, gemahlen
1 TL Vanillezucker
500 g brauner Rohrzucker
250 g Butter, weich
7 Eier, M
50 ml Rum
1 Schuss Mineralwasser

1 eckige Kuchenform (ca. 40 x 40 cm)

Für den Guss:
150 g Puderzucker
2–3 EL Zitronensaft

Zubereitung

1. Backofen auf 180 °C Umluft (bzw. 200 °C Ober-/Unterhitze) vorheizen. Die Kuchenform gleichmäßig bis in die Ecken mit Butter ausstreichen, mit den Semmelbröseln bestreuen. Was nicht an der Form kleben bleibt, wieder herausrieseln lassen.
2. Im Mixtopf das Mehl, Backpulver, Kakaopulver, Salz und die Gewürze **10 Sek./Stufe 4/mit MB** mischen, umfüllen.
3. Zucker **10 Sek./Stufe 10/mit MB** zu Puderzucker mahlen. Rühraufsatz einstecken, Butter und Eier dazugeben, alles **3 Min./Stufe 4/mit MB** schaumig schlagen.
4. Die Mehlmischung und den Rum portionsweise zum Teig geben, während der Mixer **2 Min./Stufe 2/ohne MB** läuft. Wird der Teig zu fest, gibt man 1 bis 2 Schuss Mineralwasser zu. Der Teig sollte sämig sein.
5. Teig in die Kuchenform gießen und auf der 2. Schiene von unten 55–60 Minuten lang backen. Eine Stäbchenprobe machen: Bleibt an einem Holzspießchen, das man in die Mitte des Kuchens steckt, kein Teig mehr hängen, ist der Kuchen fertig.
6. Den Kuchen 5 Minuten lang ruhen lassen, dann auf ein Kuchengitter stürzen. Einen dicken Guss **20 Sek./Stufe 2/mit MB** anrühren und den heißen Kuchen dick damit einstreichen. Auskühlen lassen. Zum Servieren in kleine Würfel schneiden.

Schmeckt am nächsten Tag noch besser! Auch mit Schoko- statt Zuckerguss lecker!

Charlys Milchreis

Zutaten für 4 Portionen

1 l Vollmilch oder Hafermilch
50 g Zucker oder
60 g Agavendicksaft
½ TL Zimt
1 Prise Salz
200 g Milchreis

Zubereitung

1. Milch, Zucker oder Agavendicksaft, Zimt und Salz in den Mixtopf geben und **8 Min./100 °C/Stufe 1/mit MB** kochen.
2. Reis hinzugeben und **30 Min./90 °C/Stufe 1/Linkslauf/mit MB** kochen.
3. In Schüsseln portionieren und 15 Minuten lang nachziehen lassen. Kalt genießen, evtl. mit Apfelmus oder Erdbeermarmelade.

Fruchtiges Softeis

Zutaten für 4 Portionen

60 g Zucker
300 g gefrorene Beeren (Erdbeeren, Himbeeren, Brombeeren oder auch eine Mischung)
2 Eiweiße, M

Varianten:

Statt der Beeren gefrorene Stücke von Mango, Kiwi, Orangenfilets, halbierte und eingefrorene Kumquats verwenden. 1 TL sehr fein gehackte Kräuter wie Basilikum, Thymian, Minze, Melisse oder Basilikum machen sich gut im Eis

Zubereitung

1. Zucker im Mixtopf **10 Sek./Stufe 10/mit MB** zu Puderzucker mahlen.
2. Die tiefgefrorenen Beeren dazugeben und **10 Sek./Stufe 8/mit MB** hacken.
3. Die Früchte nun mit dem Spatel zur Seite schieben, den Rühreinsatz aufstecken (muss fest sitzen!). Das Eiweiß hinzugeben und alles **2 Min./Stufe 4/mit MB** rühren. Sofort servieren.
4. Am besten kühlt man vorher den Mixtopf 30 Minuten lang im Gefrierschrank. Wer sein Eis ganz fest haben will, füllt es in eine gekühlte Form und stellt es ca. 1 Stunde in den Gefrierschrank.

Foto siehe rechte Seite

Bier-Schokomuffins ...

Zutaten für 12 Stück
200 g dunkle Schokolade, in Stücken (mind. 65 % Kakaogehalt)
200 g Zucker
220 g Mehl
½ TL Vanillezucker
½ TL Zimt
4 TL Weinstein-Backpulver
120 g Butter, weich
3 Eier, M
230 ml Dunkle Weiße (ohne Schaum gemessen)
12 Muffin-Papierförmchen (groß)
12er-Muffinblech

Zubereitung

1. Backofen auf 170 °C Umluft (oder 190 °C Ober-/Unterhitze) vorheizen.
2. Schokolade mit Zucker im Mixtopf **10 Sek./Stufe 10/mit MB** fein mahlen und umfüllen. Mehl, Vanillezucker, Zimt und Backpulver dazugeben und alles gut vermischen.
3. Butter und Eier im Mixtopf mit dem Rühraufsatz **3 Min./Stufe 4/mit MB** rühren. Bier dazugießen und nochmals **20 Sek./Stufe 3/mit MB** mischen. Mehlmischung hinzugeben und alles **3 Min./Stufe 4/mit MB** zu einem etwas flüssigen Teig rühren.
4. Das Muffinbackblech mit den Muffinförmchen auslegen. Den Teig gleichmäßig in die Förmchen gießen. Im Backofen auf der mittleren Schiene 22–24 Minuten lang backen. Stäbchenprobe nehmen (bleibt an einem Holz-Schaschlikspießchen, das man in die Mitte eines Muffins steckt, nichts mehr hängen, ist er fertig). Backblech herausnehmen und 5 Minuten lang auskühlen lassen.
5. Sind die Muffins ausgekühlt, krönt man sie mit je 1 TL Maracujacurd (Rezept S. 95) – oder man bestreicht die noch warmen Muffins mit etwas Schokoladenglasur.

... mit Maracujacurd

Zutaten für ca. 400 ml Curd (2 kleine Gläser)

480 ml Maracujanektar (Fruchtgehalt mind. 25 %)
120 g Zucker
2 EL Zitronensaft
100 g kalte Butter, in Stücken
3 Eier, M
½ TL Vanillezucker
evtl. 1 TL Zitronenabrieb

Zubereitung

1. Den Maracujanektar im Mixtopf **24 Min./Varoma/Stufe1/ohne MB** (**25 Min./Varoma/Stufe1/mit MB**) auf 200 ml einkochen lassen. Umschütten, abmessen und auskühlen lassen.
2. Reduzierten Saft und alle anderen Zutaten in den Mixtopf geben und **24 Min./90 °C/Stufe 2/ohne MB** rühren.
3. 2 Gläser mit kochendem Wasser sauber ausspülen. Den Curd abfüllen und verschließen. Kalt verwenden. Im Kühlschrank gelagert hält er sich 4 Wochen (immer mit einem sauberen Löffel herausnehmen!).

Auch als Brotaufstrich unvergleichlich! Wer statt dem Nektar frische Früchte verwenden will, nimmt das Fruchtmark von 8 Passionsfrüchten und verdoppelt die Zuckermenge..

Bildnachweis

S. 13, S. 19, S. 23, S. 41, S. 47, S. 63, S.65, S. 68, S. 69, S. 70, S. 75, S. 84, S. 89: Elisabeth Engler, S. 11: Wiktory/Shutterstock.com; S. 15: minadezhda/iStock.com, S. 17: HandmadePictures/Shutterstock.com, S. 21: minadezhda/iStock.com, S. 24: Kathrin39/Fotolia.com, S. 26: los_angela/iStock.com, S. 27: Sea Wave/Shutterstock.com, S. 29: 5PH/iStock.com, S. 31: venemama/Fotolia.com, S. 33: Lauri Patterson/iStock.com, S. 34: Maja Wąsowicz /iStock.com, S. 36: ALLEKO/iStock.com, S. 38: cobraphotography/Shutterstock.com, S. 39: elena moiseeva/Shutterstock.com, S. 43: Olga Miltsova/Shutterstock.com, S. 44: DENIO RIGACCI/iStock.com, S. 48: kristina rütten/Fotolia.com, S. 51: GMVozd/iStock.com, S. 52: Bjoern Wylezich/Shutterstock.com, S. 55: Lisovskaya Natalia/Shutterstock.com, S. 57: Everything/Shutterstock.com, S. 59: Tatiana Volgutova/Shutterstock.com, S. 60: oksix/iStock.com, S. 64: HandmadePictures/iStock.com, S. 66: Ars Ulrikusch/Fotolia.com, S. 72: Martin Rettenberger/Shutterstock.com, S. 77: vicuschka/iStock.com, S. 79: hlphoto/Shutterstock.com, S. 81: 8vFanl/iStock.com, S. 82: mama_mia/Shutterstock.com, S. 87: Qanat Società Cooperativa/iStock.com, S. 91: emmi/Fotolia.com, S. 93: A-Lein/Shutterstock.com, S. 94: saschanti17/Shutterstock.com, S. 95: bonchan/Shutterstock.com